아마존 미래전략
2022

아마존 미래전략 2022

4차 산업혁명 시대
아마존의 다음 타깃은
무엇인가?

다나카 미치아키 지음 | 류두진 옮김

반니

아마존 전략의
본질을 탐구하다

김남국

DBR(동아비즈니스리뷰) · HBR(하버드비즈니스리뷰) KOREA 편집장

"성공의 비결은 초장기적인 커다란 꿈과 작은 노력의 축적임을 절실히 느낀다."

아마존은 '디지털 변혁digital transformation'의 최선두에서 업계를 리드하고 있는 기업이다. 이 책에서 저자는 오프라인 유통업체 인수, 인공지능 스피커 판매, 클라우드 서비스, 우주 개발 등 어찌 보면 종잡을 수 없는 아마존의 전략을 동양적 세계관으로 분석하며 다양한 지혜와 통찰을 전해준다.

특히 제프 베조스가 1만 년 동안 멈추지 않고 자동으로 가는 시계를 제작 중인 재단에 거액을 투자하는 등 초장기적 관점을 견지하고 있다는 사실은 혁신을 주도하는 사람과 따라하는 사람 간의 차이를 극명하게 보여주는 상징적인 사건이다. 이렇게 원대한 시선을 유지하면서 현실의 디테일도 빠뜨리지 않고 한 걸음씩 나아간 게 아마존의 오늘을 만들었다.

4차 산업혁명을 선도하고자 하는 기업가와 창업가들이 많다. 꼭 빼놓지 말아야 할 학습의 대상을 뽑는다면 단연코 아마존과 제프 베조스다. 아마존 전략의 본질을 집요하게 탐구한 이 책은 비즈니스 방식 자체의 혁신을 꾀하는 경영자라면 반드시 읽어야 할 책이다.

마케팅 4.0 기업
아마존이 그리는 미래

서용구

숙명여대 경영학부 교수, 전 한국유통학회장

아마존은 현재 지구상에 존재하는 기업 중에서 가장 영향력이 큰 기업 중 하나다. 미국 전체 기업 중 가장 큰 금액인 연간 24조원 이상을 R&D에 투자하고 있다. 4대 플랫폼 기업(FAGA-페이스북, 애플, 구글, 아마존) 중에서도 성장성이 가장 큰 것으로 평가받고 있다.

"아마존은 도대체 어떤 생각을 하고 있는가?", "아마존의 영향력은 어디까지인가?"가 최근 2년간 만나본 모든 유통경제부 기자들이 내게 한 질문이다. 이 질문에 가장 명쾌하게 대답해주는 책이 바로 이 책이다. 저자의 전문성과 직접 취재하면서 보인 열정, 그리고 기업 전략을 동양적 철학으로 풀어내는 센스에 감탄을 금할 수 없다.

우리가 아마존 비즈니스 모델을 이해해야 하는 이유는 아마도 아마존이 곧 한국에 상륙할지 모른다는 불안과 두려움을 해소해야 하기 때문인지도 모른다. 이제 아마존은 유통, 물류 혁신기업을 넘어 세계 최고 수준의 빅데이터에 기반해 마케팅 4.0 기업으로 성장 중이다. 아마존을 이해하면 디지털 시대, 비즈니스의 미래가 손에 잡힌다.

제3장 아마존의 수익원은 더 이상 소매가 아니다
빅데이터 시대의 지배자, 베조스의 야망

제4장 제프 베조스의 우주 전략

제5장 아마존의 경이로운 리더십과 매니지먼트

제6장 아시아의 제왕 알리바바와 아마존의 대전략 비교

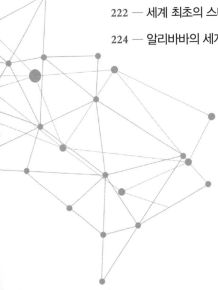

amazon

일러두기

1. 전집이나 총서, 단행본 등은《 》로, 개별 작품이나 편명, 보고서 등은〈 〉로 표기했습니다.
2. [ ] 안은 옮긴이 및 편집자 주입니다.

세계는 지금 왜 아마존에 주목하는가

2022년 11월의 가까운 미래

2022년 11월 17일 목요일. 사토 이치로 씨(가명, 32세)는 도쿄 요쓰야 역에서 도보로 5분 거리의 무인 편의점 아마존365 오픈 카페에서 업무를 보고 있다([도표 1] 참조).

아마존365란 아마존이 2017년 8월에 인수한 미국의 고급 슈퍼마켓 체인 홀푸드Whole Foods와 무인 편의점인 아마존 고Amazon Go를 융합한 매장이다. 현재는 오프라인 점포+전자상거래 거점+택배 거점+식사 공간 및 공유 사무실 기능을 갖춘 오픈 카페로 진화하고 있다.

매장에는 피팅룸도 마련되어 있다. 이용자는 아마존에서 주문한 옷을 피팅룸에서 입어보고 마음에 들지 않으면 그대로 반품할 수 있다. 뿐만 아니라 유명 레스토랑의 배달 서비스도 가능하다.

이곳은 작년까지 일본의 대형 편의점 체인이 친환경 유기농 상품을 판매하는 편의점이었다. 이후 사업 부문 개혁에 따라 매장이 폐쇄되었고 그곳에 아마존365가 들어섰다. 아마존365는 미국의 사회학자 레이

올덴버그Ray Oldenburg가 제창한 제3의 공간(행복감을 느끼는 제3의 장소)으로 자리잡았다. 모든 사람이 쉽게 모일 수 있고, 편하고 쾌적하며, 오래된 친구와 새로운 친구를 모두 만날 수 있는, 새로운 생활 터전의 역할을 하고 있다.

제3의 공간에서 업무를 보는 사토 씨는 흰색 뿔테 안경을 쓰고 있는데 시력이 나빠서가 아니다. 사토의 안경은 웨어러블 기기인 아마존 글래스Amazon Glass로 음성인식 AI 아마존 알렉사Amazon Alexa가 내장되어 있어 말을 걸면 다양한 기능이 작동한다. 골전도 시스템도 탑재되어 있어 이어폰 없이 음성을 들을 수 있다.

아마존은 3년 전에 스마트 생활 투자 펀드인 알렉사 펀드Alexa Fund를 운용해 스마트 안경 제조사를 인수했다. 아마존 글래스는 인수된 기업과 아마존이 공동으로 개발, 생산, 판매하는 형태로 제공된다. 아마존은 홀푸드 인수 이후에도 규모의 경제뿐 아니라 범위와 속도의 경제 특성을 살릴 수 있는 분야에서 적극적으로 M&A를 추진해오고 있다.

"알렉사, 지금 내 기분에 가장 잘 어울리는 음악을 틀어줘." 사토 씨의 목소리를 아마존 글래스는 놓치지 않는다. 사토 씨가 아마존 글래스로 늘 듣는 음악은 아마존이 빅데이터와 AI를 활용해 사토 씨만을 위해 작곡한 합성 음악이다. 지금 흘러나오는 곡은 피아노 연주에 아름다운 자연을 연상시키는 강물, 새, 곤충 소리를 합성시킨 힐링 음악이다.

음악 이외에 사토 씨의 스마트폰에는 아마존의 빅데이터와 AI가 세상에서 단 한 명뿐인 그를 위해 엄선한 신문, 잡지, 소설, 게임, 광고

도표 1 2022년 11월의 가까운 미래

아마존365 요쓰야점

- 미국의 고급 슈퍼마켓 체인 홀푸드의 사업 부문 중 하나였던 365의 신규 브랜드
- 아마존의 무인 편의점 점포 아마존 고와 융합한 점포
- 오프라인 점포＋전자상거래 거점＋택배 거점＋식사 공간＋공유 사무실
- 제3의 공간(행복감을 느끼는 제3의 장소)으로 정착
- 전자상거래 고객을 위한 피팅룸과 택배 보관함 완비
- 고급 레스토랑의 배달 서비스 제공
- 아마존365 앱에서 점포 상품을 전자상거래로 구입 가능
- 아마존365 앱에 상세한 상품 정보(생산자 정보 포함) 표시

- 사토 이치로 씨
- 32세
- 프리랜서

가 제공된다. 지난달에는 아마존에서 맞춤 티셔츠와 바지를 구입했다. 친구 세 명과 근처 산으로 하이킹을 가기로 했기 때문이다. 이 옷들도 "알렉사, 내게 어울리는 스타일과 색상으로 티셔츠와 바지를 골라줘"라고 요청해 추천받은 것이다.

사토 씨의 어머니는 이달 동창회에 입고 갈 옷을 알렉사와 상담해보고 정했다. 아마존은 의류 시장에서 이미 유니클로를 능가하는 SPA Speciality retailer of Private label Apparel[기획·디자인, 생산·제조, 유통·판매까지 전 과정을 제조회사가 맡는 의류 전문점] 기업으로 성장했다.

이것은 모두 아마존이 각각의 고객을 실시간 수준으로 파악해 타깃을 압축한 0.1인 세그먼테이션을 실현함으로써 가능해진 서비스다.

0.1인 세그먼테이션은 고객 한 명을 타깃으로 한 1인 세그먼테이션을 더욱 세밀화한 것으로, 시시각각 변하는 고객의 행동에 맞추어 타기팅이 이루어지는 것을 뜻한다.

사토 씨는 대학 졸업 후 IT 대기업에 근무하다가 3년 전부터 프리랜서로 일하고 있다. 업무 중 60퍼센트는 세 곳의 거래처에서 받고 나머지 40퍼센트는 아마존 크라우드 소싱Amazon Crowd Sourcing을 통해 10분 단위로 발주받는 업무가 차지한다. 사토 씨는 오후 4시의 고객 미팅까지 남은 시간을 이용해 300명 이상이 참여 중인 상품 개발 프로젝트 업무를 아마존의 클라우드 컴퓨팅 부문인 아마존 웹 서비스AWS, Amazon Web Service의 개방형 플랫폼을 이용해서 진행 중이다. 업무를 불특정 다수에게 세분화해서 맡기는 크라우드 소싱에 최근 들어 상당히 부가가치가 높은 업무가 늘고 있다.

사람과 사람, 개인과 개인이 서로 이어져야 창조될 수 있는 독창적인 상품이 속속 탄생하고 있는 것이다. 5년 전만 해도 AI가 사람의 일을 빼앗을 것이라며 위기감이 고조되었지만, 이제는 사람과 사람이 이어져서 하는 일이야말로 가장 마지막까지 사람에게 남겨질 업무라는 공감대가 형성되어 있다.

사토 씨가 크라우드 소싱으로 10분 단위의 업무를 할 수 있는 것은 아마존이 0.1인 세그먼테이션으로 사토 씨의 요구를 실시간 파악하고 있기 때문이다.

30여 분에 걸쳐 업무를 마친 사토 씨는 카페를 한 바퀴 돌아보고 장어구이 도시락 코너를 찾았다. 스마트폰으로 아마존365 앱을 확인하자 도시락에 사용된 장어의 생산지 정보가 상세하게 등록되어 있었다. 카페에는 다양한 신선식품이 판매되고 있는데 단품 관리 방식이므로 모든 상품의 정보를 앱에서 확인할 수 있다.

앱에는 사토 씨가 고른 도시락의 별점과 리뷰도 올라와 있다. 일반 가게에서 볼 수 없는 아마존365만의 특징 중 하나다. 상품은 집이나 사무실에서 앱으로 주문해 택배로 받아볼 수도 있다. 아마존365는 4년 전부터 유통 관리, 영업장 재고 관리, 상품 보충에 이르기까지 AI화되어 있어 현재 공급망과 가치망 관리 전체가 AI로 이루어진다. AI로 날씨와 수요를 예측하고 판매 계획과 상품 관리는 물론 직원 및 고객 관리까지 이루어지는 것이다.

아마존365의 도쿄 아사쿠사 점포는 2년 전부터 동영상 스트리밍 서비스인 아마존 프라임Amazon Prime의 공개 스튜디오를 운영하고 있는데, 아마존의 영상 제작 부문인 아마존 스튜디오Amazon Studios가 자체 프로그램을 제작한다. 최근 소비자들은 수많은 프로그램 홍수 속에서 시청할 프로그램을 직접 고르는 것조차 스트레스로 생각하기 때문에 365일 24시간 방영되는 TV 프로그램이 주문형VOD보다 인기가 있다. 아사쿠사의 공개 스튜디오에서는 24시간 논스톱으로 쌍방향 뉴스 프로그램을 방송하고 있고, 아마존 스튜디오를 중심으로 아사쿠사가 젊은이와 외국인 관광객이 즐겨 찾는 핫플레이스로 떠올랐다.

아마존 입장에서는 소비자의 동영상 시청 데이터 역시 빅데이터의 일부다. 예를 들어 아마존 스튜디오에서 진행하는 뉴스 프로그램은 실시간으로 표시되는 시청률에 따라 방송 중인 뉴스 아이템의 방영 시간까지 유동적으로 조정한다.

사토 씨는 택배 보관함에 들러 회사에 전달할 책이 들어 있는 박스를 꺼냈다. 스마트폰 앱으로 원클릭하면 본인 확인 등의 보안 문제도 해결된다. 직장인이 출퇴근 시간을 활용해 직접 물품을 배달하는 아마존 플렉스Amazon Flex는 미국에서 먼저 오픈한 서비스다. 일본에서는 3년 전부터 규제가 완화되어 이 서비스가 제공되고 있다. 사토 씨가 아마존 크라우드 소싱 형태로 위탁받은 업무 중 하나이기도 하다.

아마존은 2017년에 택배 위기[일본 택배 업계가 택배 기사의 열악한 업무 환경을 개선하기 위해 택배 요금을 올려 사회적으로 화제가 된 사건]를 겪었다. 일본 택배 업계 1위인 야마토 운수ヤマト運輸로부터 40퍼센트의 요금 인상 요구를 받아들일 수밖에 없었던 것이다. 위기의식을 크게 느낀 아마존은 3년 전에 새로운 택배업체와 함께 독자적인 택배망 정비를 마쳤다.

기존 아마존365 점포망을 포함한 전국 3,000여 곳에 택배 보관함을 설치했으며 경제 특구 내에서는 이미 드론 배달을 실시하고 있다. 지바 시 경제 특구 내에 위치한 사토 씨의 집에는 매주 수요일마다 아마존 프라임이 보내주는 식료품이 마당에 설치된 드론 전용 수취함으로 배송된다.

사토 씨는 아마존365를 나서기 전에 카카오 닙스 초콜릿을 가방 속에 넣었다. 카페를 나서자마자 사토 씨 계정의 아마존 페이Amazon Pay에서 자동으로 대금이 빠져나갔다.

2022년 11월의 미래상이 어땠는지 궁금하다. 이 책에서는 아마존의 대전략과 아마존이 그리는 미래 예상도를 5요소 분석법으로 분석하고 예측한다. 분석과 예측에는 내 전공인 전략 및 마케팅 이론과 실천이 활용되었다. 앞의 이야기는 개인적으로 예측해본 가까운 미래를 배경으로 한 픽션이다. 이 내용의 실현 가능성을 검증해보는 차원에서 읽어나간다면 더욱 흥미로울 것이다.

위협을 더해가는
아마존 효과

아마존 효과Amazon Effect라는 말이 세계적으로 주목받고 있다. 원래는 아마존이 전자상거래와 소매 업계에 영향을 미치는 현상을 의미했던 말이다. 그런데 최근에는 다양한 산업 및 정부의 금융·경제 정책에도 영향을 미치고 있다는 것으로 의미가 발전했다.

최근 일본에서는 야마토 운수와 아마존 사이에 택배 요금을 둘러싼 협상이 주목받고 있다. 아마존은 일본의 택배 위기를 초래한 주요 회사로 지목될 만큼 막강한 영향력을 행사했다.

전자상거래, 물류, 클라우드 컴퓨팅, 오프라인 점포 전개, 빅데이터와 AI, 그리고 우주 사업에 이르기까지, 아마존은 세계 제일의 서점에서 시작해 모든 것을 파는 에브리싱 스토어Everything Store, 나아가 모든 사업을 전개하는 에브리싱 컴퍼니Everything Company, 그리고 전자상거래 기업, 소매 기업, 물류 기업, 테크놀로지 기업으로서 변모를 거듭해왔다. 이 책은 유통의 제왕 아마존이 과연 앞으로 무엇을 계획하고 있는지 아마존의 대전략이라는 관점에서 다루어볼 것이다.

프롤로그인 서장에서는 각 장에서 설명할 아마존의 주요 사업 전략을 아마존 효과라는 측면에서 살펴보고, 아마존을 사례로 일본에서 벌어지고 있는 일, 미국에서 벌어지고 있는 일, 세계에서 벌어지고 있는 일을 개관한다. 아마존의 대전략이나 아마존이 그리는 미래 예상도부터 알고 싶다면 서장을 건너뛰고 제1장부터 읽어도 상관없다.

택배 위기의 구조
─ 취급량 급증, 장시간 노동, 요금 인상

아마존을 필두로 인터넷 판매가 늘어나면서 화물 취급량이 급증하고 택배 기사의 노동 환경이 악화되었다는 이유로 야마토 운수는 당일 배송 정책의 재검토와 요금 인상을 발표했다. 이를 계기로 일본 언론에서는 택배 업계에서 일어난 문제를 택배 위기라고 이름 붙이고, 택배 업계의 동향과 야마토 운수·아마존 양사의 협상 상황을 특집으로 보도했다.

2012년부터 2016년까지 5년 동안 80퍼센트 증가라는 엄청난 기세로 매출을 올려온 일본의 전자상거래 업계는 대부분의 배송 업무를 택배 업계에 의존해왔다. 일본의 택배 업계는 야마토 운수, 사가와큐빈佐川急便, 일본우편日本郵便 등 대기업 세 곳이 90퍼센트 이상의 점유

도표 2 택배 위기의 구조(PEST 분석)

택배 위기에 영향을 미치는 요인

P: Politics (정치적 요인)	아베노믹스	1억 총활약 사회	근로 방식 개혁
E: Economy (경제적 요인)	구직자 우위 고용 시장 형성	임금 상승	아베노믹스
S: Society (사회적 요인)	인구 동태 변화	구조적인 인력 부족	블랙 기업에 대한 비판
T: Technology (기술적 요인)	인터넷 판매 확대	로봇과 드론 활용	크라우드 소싱과 셰어링

율을 차지하고 있는데 이러한 과점이 택배 위기의 뿌리 깊은 배경이 되었다.

더욱이 택배 위기에는 [도표 2]에서 보듯 현재 일본이 안고 있는 다양한 정치적·경제적·사회적·기술적 문제가 응축되어 있다. 일본에서 벌어지고 있는 각종 사회 현상을 아마존으로 조감할 수 있는 수준이 될 만큼 아마존의 영향력이 커진 셈이다.

그렇다면 우선 택배 위기에 영향을 미치는 요인을 고찰하고, 해당 요인이 야마토 운수와 아마존의 전략에 어떻게 영향을 미쳤으며, 앞으로 아마존은 어떤 택배 전략을 수립하고 있는지 분석해보기로 하자.

PEST 분석으로
일본 사회를 파헤치다

경영학에는 변화를 해독하기 위한 프레임워크로 PEST 분석[거시환경분석]이 있다. 정치적·경제적·사회적·기술적 요인이 각각 국가, 산업, 기업, 사람에 어떤 식으로 변화를 가져다주고 있는지 분석하는 도구다.

택배 위기에 영향을 미치고 있는 정치적 요인으로는 아베노믹스, 1억 총활약 사회[일본의 저출산·고령화 문제를 국가 재난으로 규정한 아베 정권의 캐치프레이즈로, 50년 후 인구 1억 명을 유지하기 위해 누구나 사회에서 활약할 수 있게 만들겠다는 취지], 근로 방식 개혁 등의 정책을 꼽을 수 있다. 특히 아베 정권이 중시해온 근로 방식 개혁의 영향으로 장시간 야근, 야근 수당 미지급, 가혹한 노동 환경이 사회 문제로 대두했다는 점은 중요한 사실이다.

경제적 요인으로는 구조적인 인력 부족이 구직자 우위 고용 시장을 형성했고, 이것이 점차 임금 상승에 영향을 미친 것이 주된 항목이다. 아베 정권의 경제 정책인 이른바 아베노믹스 또한 당연히 경제적 요인이다.

사회적 요인으로는 인구 동태 변화, 특히 저출산·고령화 및 핵가족과 1인 가구 증가를 꼽을 수 있다. 가족 수의 감소는 곧 택배를 받아줄 수 있는 가능성이 줄어듦을 의미한다. 인터넷 쇼핑을 많이 이용하는 젊은 층에서 1인 가구가 증가하고 있다는 점도 중요한 요소다.

사회적 요인 중에서 특히 간과할 수 없는 것은 블랙 기업에 대한 사회 비판이다. 몇 년 전이었다면 택배 위기는 택배 기사에게 더욱 가혹한 노동 환경을 강요하는 형태로 넘어갔을지도 모른다. 택배 위기가 수면 위로 드러난 이유는 근로자의 노동 환경을 경시하는 기업에 매서운 시선을 보내는 오늘날의 사회 분위기도 한몫 했다.

기술적 요인으로는 인터넷, 특히 스마트폰으로 대표되는 모바일 통신 발달로 인터넷 판매가 확대된 것이 직접적인 주요 원인이다. 앞으로 아마존이 채택할 택배 전략에는 로봇 및 드론의 활용과 크라우드 소싱, 셰어링 등 기술적인 진화가 도입될 것이다.

야마토 운수의 택배 전략

이처럼 복합적인 환경의 변화를 맞이한 야마토 운수의 택배 전략을 분석해보자. 기업 전략을 분석하는 프레임워크에는 SWOT 분석 등 다양한 방법이 있는데, 여기서는 3C 분석이라는 도구를 사용한다. 3C 분석이란 [도표 3]에 나타나 있는 것처럼 자사의 상황company, 고객·시장의 상황customer, 경쟁사의 상황competitor 세 가지를 동시에 분석한 결과를 토대로 전략을 도출하는 도구다.

자사의 상황 야마토 운수는 택배 업계의 원가 선도 기업이다. 업계 2위인 사가와큐빈의 영업소가 400여 곳인 데 비해 야마토 운수는 16배인 6,500여 곳의 영업점을 가지고 있다. 때문에 업계 선두 기업으로서 노동 환경의 개선에 대한 압력도 더 거셌다고 생각된다.

고객의 상황 택배 고객은 아마존과 같은 법인 고객과 일반 소비자가 혼재해 있다. 인터넷 판매 확대와 배송량 증대, 핵가족과 1인 가구 증가, 블랙 기업에 대한 비판도 고객·시장의 상황으로 눈여겨봐야 할 내용이다.

경쟁사의 상황 사가와큐빈과 일본우편 두 경쟁사가 있으며, 여기에 야마토 운수까지 합친 세 기업이 택배 업계 90퍼센트 이상의 점유율을 차지하고 있다. 더욱이 사가와큐빈은 택배 위기를 예측이라도 한 듯이 앞서 비용 절감을 진행하면서 아마존과의 거래가 중단되기도 했다.

이상의 세 가지 상황을 동시에 고려해 야마토 운수의 택배 전략을 분석해보자. 택배 기사의 노동 환경 개선은 이제 매우 중요한 경영 과제며, 이를 위해 택배 사업을 적정 가격·적정 규모로 운영하기 위한 가격 인상이 필요했다는 것을 알 수 있다.

여기서 가장 지적하고 싶은 대목은 야마토 운수가 실제로 기업 차원에서 다양한 노력을 해왔음에도, 고객이나 사회적 입장에서는 회사의 노동 환경 개선을 가격 인상이라는 외부 대책에 크게 의존했다는 점이다. 아마존은 단기적으로 야마토 운수가 제시한 요구를 일단 수용할 수밖에 없다는 판단에서 가격 인상을 받아들였지만, 이를 계기로 아마존이 자체 택배망 구축에 속도를 높일 것은 확실하다.

일반 소비자 역시 야마토 운수의 가격 인상을 받아들일 수밖에 없는 가격 수용자이다. 그러나 여기서 감지된 고객과 소비자의 위화감이

도표 3 택배 위기의 구조(3C 분석)

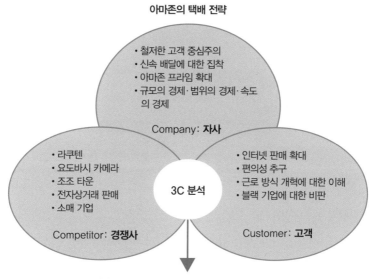

아마존의 택배 전략

• 철저한 고객 중심주의
• 신속 배달에 대한 집착
• 아마존 프라임 확대
• 규모의 경제·범위의 경제·속도
  의 경제

Company: **자사**

• 라쿠텐
• 요도바시 카메라
• 조조 타운
• 전자상거래 판매
• 소매 기업

Competitor: **경쟁사**

3C 분석

• 인터넷 판매 확대
• 편의성 추구
• 근로 방식 개혁에 대한 이해
• 블랙 기업에 대한 비판

Customer: **고객**

단기적으로는 야마토 운수의 가격 인상 요구를 수용
중장기적으로는 자체 택배망을 구축
택배 보관함 설치, 드론 활용, 셰어링 등 사업 전개

- -

야마토 운수의 택배 전략

• 택배 업계의 원가 선도 기업
• 6,500여 곳의 물류 거점
• 인력 부족·장시간 노동 등
  노동 환경 개선에 대한 압력

Company: **자사**

• 사가와큐빈·일본우편이 양대
  경쟁사
• 사가와큐빈이 먼저 비용 절감
• 기타 경쟁사와 신흥 세력

Competitor: **경쟁사**

3C 분석

• 아마존 등 대기업 법인 고객
  ·소비자
• 인터넷 판매 확대와 화물량
  증대
• 핵가족과 1인 가구 증가
• 블랙 기업에 대한 비판

Customer: **고객**

전략의 재검토
적정 가격·적정 규모로 수습하기 위한 가격 인상 협상
노동 환경 개선

결정타가 되어 야마토 운수의 향후 경영에 커다란 영향을 미칠 것으로 예상된다.

물류 혁명은 일어날 것인가
– 아마존의 택배 전략

다음으로 아마존의 택배 전략을 분석해 보자.

자사의 상황 아마존은 철저한 고객 중심주의를 표방한다. 이후에도 자세히 설명하겠지만 상품 구성, 가격, 편의성 세 가지를 고객 중심주의의 중요한 3요소로 여기며 신속한 배송을 중시하고 있다. 따라서 택배 위기를 이유로 기존의 서비스 수준을 떨어뜨릴 수는 없으므로 야마토 운수의 택배 전략에 대항하는 수단을 강구해왔다고 보아야 할 것이다.

고객·시장의 상황 거듭 설명했듯이 인터넷 판매 확대와 편의성의 추구를 꼽고 싶다. 한편 소비자나 사회로부터의 근로 방식 개혁에 대한 이해, 그리고 블랙 기업에 대한 비판이 고조됨으로써 단기적으로는 야마토 운수의 가격 인상 협상을 수용할 수밖에 없다는 판단이 선 것으로 생각된다.

경쟁사의 상황 라쿠텐, 요도바시 카메라, 조조타운 등 전자상거래 기업, 세븐앤드아이와 이온 등 소매 기업의 동향 분석이 중요하다. 여기서는 요도바시 카메라가 물류센터 및 오프라인 점포, 인터넷 판매용 재고를 일원화해서 관리하고, 모든 배송을 자사 종업원이 실시하는 전자상거래·소매·물류 전략을 취하고 있다는 점에 주목해야 한다.

이상의 세 가지 상황을 고려해 아마존의 택배 전략을 예상해보자. 우선 택배 업계의 골리앗인 야마토 운수의 가격 인상 요구에 아마존은 단기적으로 수용한다는 판단을 취할 수밖에 없을 것이다. 아마존은 철저한 고객 중심주의이기 때문이다.

하지만 이번 야마토 운수의 타개책으로 아마존이 위기 관리상 커다란 위협을 느낀 것은 확실하다. 따라서 새로운 택배 회사와 함께 자체 택배망을 서둘러 구축하는 데 주력할 것으로 예상된다. 나아가 중장기적으로는 아마존 자체 택배 보관함을 전국적으로 설치하는 한편 로봇과 드론을 활용한 물류 혁명에도 본격적으로 나서게 될 것이다.

일본의 경우 규제 완화의 향방에 달려 있기는 하지만, 크라우드 소싱 혹은 셰어링 시스템이라는 형태로 아마존이 택배 사업에 직접 나서는 상황도 예상된다. 크라우드 소싱이란 불특정 다수에게 업무를 위탁하거나 분배하는 것을 의미한다.

업무를 분할한다는 의미에서 업무의 세그먼테이션이라 해도 좋다. 제1장에서 설명하겠지만 시장의 세그먼테이션, 시간의 세그먼테이션, 업무의 세그먼테이션과 같이 세그먼테이션은 이 책의 키워드가 되는 용어 중 하나이므로 여기서 나온 내용을 반드시 기억해두기 바란다.

택배 위기의 진짜 문제점

이상이 아마존 사례로 살펴본 택배 위기의 구조다. 택배 위기는 일본에서 일어나고 있는 사회 현상의 축소판이며, 그중에서 아마존이 맡은 역할을 감안한다면 일본에서 아마존의 영향력이 얼마나 큰지 잘 알 수 있다.

택배 위기 속 주요 등장인물로부터 이 책 전체를 관통하는 큰 주제가 부각된다. 다름 아닌 '진정한 고객 만족이란 무엇인가?', '기업은 고객만 만족시키면 되는가?'이다.

야마토 운수의 창업자인 고故 오구라 마사오小倉昌男는 오늘날까지 일본에서 존경받는 경영자 중 한 명이고, 야마토 운수는 고객 중심주의를 내걸어온 회사다. 아마존 또한 세계에서 가장 고객 중심적인 회사라는 점을 기업의 미션과 비전으로 삼고 있다. 아마존의 강력한 라이벌이자, 마찬가지로 고객 중심주의를 중시하는 요도바시 카메라는 실제로 일본의 서비스산업생산성협의회가 실시한 조사에서 장기간 고객 만족도 부문 1위에 올라 있는 회사다.

한편 택배 위기를 계기로 기업 입장에서 또 하나의 중요한 이해관계자인 종업원의 만족도 문제, PEST 분석에서 살펴봤던 사회 전체적인 문제가 수면 위로 떠올랐다. 인터넷 판매 회사의 라스트 원 마일Last One Mile[배송업자와 소비자 사이에 남은 마지막 구간을 뜻하는 물류 업계 용어] 경쟁 역시 '고객이 진정 어디까지 요구하고 있는가'라는 관점에서 정의된 개념은 아니라는 점이다.

28

게다가 택배 업계 상위 세 회사의 과점 문제(상위 세 회사가 점유율 90퍼센트 이상을 차지하는 과점 시장 속에서 이용자는 제한된 선택지밖에 얻지 못하고, 따라서 대항 수단도 단기적으로 한정된다)는 아이러니하게도 아마존 역시 소매·물류 업계나 소비자에게 새로이 같은 문제를 지적받고 있다는 점을 시사한다.

이 책을 읽을 때는 반드시 '진정한 고객 만족이란 무엇인가?', '기업은 고객만 만족시키면 되는가?'라는 주제를 염두에 두기 바란다.

4계층 분석으로 파헤쳐보는 아마존 효과의 위협
─ 미국에서 벌어지고 있는 일

아마존의 본거지는 미국이다. 따라서 미국에서 벌어지고 있는 일을 살펴볼 소재로서 아마존은 부족함이 없다. 다만 앞에서도 소개했듯이 미국에서 아마존이 갖는 가장 상징적인 점은 아마존 효과와 이 정의의 진화다. 여기에서는 뒤에서 자세히 설명할 아마존의 주요 사업 전략의 영향력을 아마존 효과라는 측면에서 살펴보기로 한다.

[도표 4]는 4계층 분석으로 살펴본 아마존 효과다. 4계층 분석이란 이 책의 독자적인 분석 기법인 5요소 분석법과 병용해서 사용하는 도구로 국가·산업·기업·사람 4계층을 동적으로 동시에 분석하는 방법이다.

앞에서 말했듯이 아마존 효과란 원래 아마존이 기존에 주된 사업

도표 4 4계층 분석으로 살펴본 아마존 효과

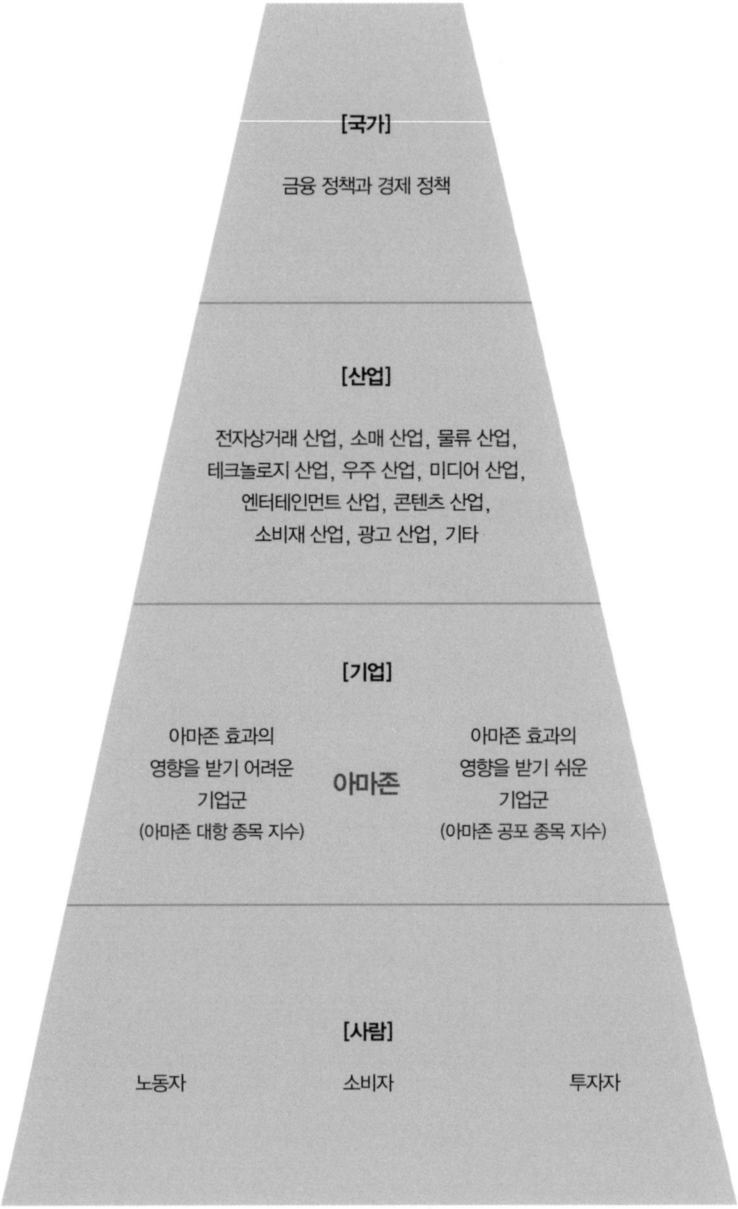

[국가]

금융 정책과 경제 정책

[산업]

전자상거래 산업, 소매 산업, 물류 산업,
테크놀로지 산업, 우주 산업, 미디어 산업,
엔터테인먼트 산업, 콘텐츠 산업,
소비재 산업, 광고 산업, 기타

[기업]

아마존 효과의
영향을 받기 어려운
기업군
(아마존 대항 종목 지수)

아마존

아마존 효과의
영향을 받기 쉬운
기업군
(아마존 공포 종목 지수)

[사람]

노동자   소비자   투자자

영역으로 삼아왔던 전자상거래와 소매 업계에 대한 영향력을 의미하는 말이었다. 그런데 아마존의 영향력이 증대하면서 다양한 산업과 국가의 금융 경제 정책에도 영향을 미치고 있다는 점을 의미하는 것으로 정의가 진화했다.

산업 계층에서 '아마존이란 무슨 기업인가?'라는 정의 및 정체성이 변화해온 가운데 아마존 효과의 기존 정의도 바뀌었다. 즉 전자상거래 기업, 소매 기업, 물류 기업, 테크놀로지 기업, 미디어 및 엔터테인먼트 기업, 우주 산업에 속하는 모든 업계가 아마존 효과의 영향을 받는다고 할 수 있으며, 나아가 주변 산업인 소비재 산업과 광고 산업 같은 업계도 아마존 효과의 영향을 받는다.

기업 계층에서 아마존 효과에 따른 영향을 단적으로 표현한 지표로는 '아마존 공포 종목 지수'를 꼽을 수 있다. 영어로 'Death by Amazon'이라 불리며, 아마존의 수익 확대나 신규 사업 진출, 인수·합병 등의 영향을 받아 실적이 악화되리라고 예상되는 소매 관련 기업 54종목을 가리킨다. 여기에는 백화점 체인 JC페니, 도서 유통 체인 반스앤드노블, 사무용품 기업 스테이플스 등이 포함된다. [도표 4]에 나타나 있듯이 아마존 효과의 영향을 받기 쉬운 기업군이다.

아마존이 홀푸드를 인수한 2017년 8월 이후 미국에서는 아마존이 가변적 가격 책정Dynamic Pricing이라는 가격 최적화 대상을 확대함으로써 물가가 하락할 것이라는 기대와 우려가 공존하고 있다. 특히 P&G나 존슨앤드존슨과 같은 소비재 제조업체는 가격 하락에 대한 우려와 아마존 PB 상품 확대에 대한 우려가 어우러져 큰 영향을 받을 것으로 예상된다. 향후 일본에서는 카오, 라이온, 유니챰, 선스타와 같은 제조 업체가 큰 영향을 받을 것으로 보인다. 아마존 효과의 대상은 소매나 유통에만 그치지 않는 셈이다.

아마존 공포 종목 지수를 발표한 미국 투자정보회사 비스포크 인베스트먼트 그룹Bespoke Investment Group은 2017년에는 '아마존 생존자 지수Amazon Survivors Index'를 공표했다. 아마존 공포 종목 지수와 정반대 지표로 아마존 효과의 영향을 받기 어려운 기업군이다. 여기에서는 '아마존 대항 종목 지수'라는 이름으로 부르기로 한다.

아마존 대항 종목 지수에 포함된 기업으로는 강한 브랜드력을 가진 보석 전문점 티파니와 소매 기업 홈디포가 포함되어 있다. 홈디포가 소매 기업임에도 아마존 대항 종목이 된 이유는 제품 판매뿐만 아니라 제품의 배달 설치와 같은 고객 서비스를 제공하기 때문이다.

다만 일본의 경우 아마존은 전문 업체가 제공하는 설치 서비스를 자사에서 구입할 수 있도록 하는 데 주력하기 시작했다. 최근에는 타이어 구입·교환, 자동차 정기 점검, 테니스 라켓의 줄 교체 등 상품뿐만 아니라 상품과 서비스를 함께, 혹은 서비스만 단품으로 제공하기도 한다.

아마존 대항 전략에 관해서는 제7장에서도 설명하겠지만, 아마존 대항 종목에 어느 기업이 어떤 이유로 들어가 있는지는 향후 기업 전략을 예측하는 데 있어 중요한 정보가 된다. 다만 위에서 언급한 새로운 서비스를 잇달아 등장시키고 있는 아마존 앞에서 아마존 대항 종목은 이미 진부해졌을 수 있다. 따라서 상품·서비스 수준의 땜질식 전술에서 그칠 것이 아니라 자사의 원대한 구상과 미션, 비전, 전략을 처음부터 우직하게 재점검하고 진정한 혁신으로 새로운 가치를 창조해가는 수준의 변혁이 요구된다.

더욱이 최근에는 아마존 효과가 국가의 금융이나 경제 정책에까지 확대되었다. 특히 홀푸드 인수 이후 아마존의 저가 전략이 오프라인으로 확대됨에 따라 국가 전체의 물가까지 하락하는 것이 아닌가 하는 우려가 금융 당국 사이에서 공유되고 있을 정도다.

여기에서는 아마존 효과가 소비자에게 미치는 영향을 언급해둔다.

예를 들어 아마존 에코는 스마트폰에 이어 거실 전체를 지배하는 플랫폼이다. 최근 미국에서 개시된 프라임 워드로브Prime Wardrobe는 각 가정이 피팅룸이 되어 7일 동안 옷을 구입할지 반품할지를 선택할 수 있는 서비스다. 아마존은 쇼핑 방식부터 생활 방식 전반에 걸쳐 소비자에게 큰 변화를 가져다주었고 이에 따라 아마존 효과의 정의 역시 계속 바뀌고 있다. 첫머리에서 소개했던 2022년 11월의 이야기는 앞으로 벌어지게 될 아마존 효과가 고객에게 가져올 영향이다.

아마존 경제권과 알리바바 경제권의 격돌
- 세계에서 벌어지고 있는 일

이번에는 아마존 사례로 살펴보는 세계에서 벌어지고 있는 일에 대해 설명한다. 제6장 '아시아의 제왕 알리바바와 아마존의 대전략 비교'의 프롤로그이기도 하다.

'아마존 사례로 살펴보는 세계에서 벌어지고 있는 일'이란 아마존

경제권과 알리바바 경제권의 경쟁을 가리킨다. 중국의 인터넷 기업인 알리바바는 이미 다양한 사업 영역의 양과 질에서 아마존을 능가하기 시작했다.

가장 단적인 예로 현재 알리바바의 비전을 소개하면 바로 미국, 중국, 유럽, 일본에 이어 세계 5위의 알리바바 경제권을 구축하는 것이다(2020년 유통 총액 목표: 1조 달러, 2016년 실적은 6,000억 달러).

아마존과 알리바바의 격돌은 이제 미주 경제권과 중국 및 아시아 경제권에서 펼쳐지는 소비 경제의 격돌이기도 하다. 현재 아마존은 미주가 주된 사업 영역이며 독일, 일본, 영국에서 아마존 사업 전체의 4분의 1에 해당하는 매출을 올리고 있다. 아마존 입장에서는 유럽과 일본을 공략한 다음 아시아에서 어떻게 승리하느냐가 중요한 관건이다. 반면 알리바바는 중국에서의 압도적인 존재감을 무기 삼아 아시아 국가를 공략하고 있다. 아마존과의 최종전에서 승리할 수 있을지 여부는 아마존의 주요 무대인 미국, 유럽, 일본 시장을 어떻게 공략하냐에 달려 있다.

아마존이 북미를 중심으로 사업을 펼치고 있고 알리바바가 아시아권을 중심으로 사업을 펼치고 있다는 것은, 각 지역의 소비자 경제를 비교하는 것과 마찬가지다. 각 지역의 관계성과 특징의 영향을 강하게 받고 있다고 해도 좋을 것이다.

'아마존 사례로 살펴보는 세계에서 벌어지고 있는 일'이 아마존 경제권과 알리바바 경제권의 격돌이라면, 앞으로 우리는 어떻게 대처해야 할까? 이와 같은 질문에 답하기 위한 다양한 해결법이 책 곳곳에

담겨 있다. 이런 목적의식을 가지고 다음 장부터 소개할 아마존의 대전략과 아마존 사례로 살펴본 미래 예상도를 살펴보도록 하자.

제프 베조스의 말에
미래가 담겼다

　　　　　　　　　　마지막으로 이 책이 담고 있는 문제의식과 집필 배경을 설명한다. 나는 현재 릿쿄 대학교 경영대학원 교수로 재직 중이다. 또한 상장 기업의 사외이사와 경영 컨설팅 업무를 겸하고 있다. 이 책의 핵심이기도 한 전략 및 마케팅이 전공이며, 릿쿄 대학교 경영대학원에서는 법인 마케팅, 서비스 마케팅, 크리티컬 싱킹, 의료 비즈니스론, 간병 비즈니스론의 여섯 과목을 담당하고 있다.

일본뿐 아니라 미국과 유럽, 아시아에서의 다양한 비즈니스 경험 그리고 금융권 및 기업체의 컨설팅 경험을 쌓아왔다. 그러던 중 2017년 말부터 아마존의 전략 혹은 아마존에 대항하는 회사가 갖추어야 할 전략에 관한 자문 요청이 많아졌다. 이 책에는 대기업 경영진과 상장 기업의 이사회를 대상으로 강의한 아마존 관련 내용이 담겨 있다.

집필하면서 가장 신경을 썼던 것은 아마존의 경영자인 제프 베조스의 생생한 목소리를 듣는 것이었다. 어떤 회사를 이해하기 위해서는 그 회사 경영자의 셀프 리더십과 셀프 매니지먼트의 모습을 이해하는 것이 매우 중요하기 때문이다.

물론 실제 베조스가 어떤 인물인지를 판단하기란 베조스 본인에게

도 어려운 주제일 수 있다. 하지만 나는 베조스라는 인물을 이해하고 자 그가 실제로 말하는 동영상을 모두 찾아보았고, 베조스의 발언 내용을 직접 인용해놓은 자료도 모두 훑어보았다. 동영상과 발언 내용만으로 그를 프로파일링하기가 어렵기는 했지만, 역시 베조스가 실제 어떤 표정을 짓고, 어떤 표현을 사용하며, 어떤 감정을 담아 말하고 있는지를 직접 살펴보는 것은 가치 있는 일이었다. 또한 미국에서 출판된 아마존에 관한 자료는 매우 비판적인 학술 논문까지 샅샅이 조사했다.

지난 2017년 2월 11일부터 16일 동안 미국 출장을 다녀왔다. 워싱턴 D.C.를 방문해 트럼프 대통령과 펜스 부통령 등이 연설했던 보수주의정치행동CPAC(공화당 지지자 연합체의 최대 연차 총회)에도 전략 분석 조사를 목적으로 참가했다. 3월 25일부터 1주일 동안은 이스라엘 국비 초빙 리더십 프로그램의 단장 자격으로 일본 대기업의 젊은 간부와 IT 분야를 중심으로 하는 젊은 창업자 12명과 함께 이스라엘을 방문했다. 세계 최고의 기술 대국인 미국과, 미국도 능가할 기세로 기술 대국으로 성장하고 있는 이스라엘의 출장 경험을 토대로 게임 규칙의 변화와 메가테크 시대 혁신의 원천을 고찰하는 것이 이 책의 목적 중 하나다.

이제부터 아마존이 그리는 2022년의 세계와 모든 업계를 뒤흔들고 있는 베조스의 대전략에 관해 자세히 살펴보자.

제1장

5요소 분석법으로 아마존의
대전략을 파헤치다

amazon

5요소 분석법과 경영

제1장에서는 국가와 다국적 기업, 상장 기업의 전략 분석 및 전략 결정에 사용하는 5요소 분석법이라는 접근법으로 아마존의 전략을 해부한다. 우선 5요소 분석법의 개략적인 설명과 더불어 아마존의 전략 요소를 도道, 천天, 지地, 장將, 법法 다섯 가지로 정리한다. 이는 앞으로 책을 읽어나가는 데 있어 유용한 겨냥도가 되어줄 것이다.

5요소 분석법이란 원래 중국의 고전적인 전략론이자 오늘날까지 군사 전략과 기업 전략에 활용되고 있는《손자병법孫子兵法》을 바탕으로 한다. 재계에서는 소프트뱅크의 손정의 회장이《손자병법》의 영향을 받았다고 알려져 있다. 5요소 분석법은《손자병법》중에 특히 중요한 요소인 5사五事를 독자적으로 해석해 현대적 매니지먼트 관점에서 재구축한 것이다.

5사란 도, 천, 지, 장, 법을 말한다.

"첫째는 도요, 둘째는 천이요, 셋째는 지요, 넷째는 장이요, 다섯째는 법이다一曰道, 二曰天, 三曰地, 四曰將, 五曰法."

손자는 전투를 설계할 때 위 다섯 항목이 전력의 우열을 판가름하는 관건이며, 이를 기준으로 합리성 높은 전략을 세우기만 하면 반드시 승리할 수 있다고 했다.

똑같은 원리를 현대 기업의 경영 전략에 적용할 수 있다. 즉 손자가 말한 5사는 경영의 본질이다. 우수한 기업이라면 5사의 존재를 알지 못하더라도 자연스럽게 실천하고 있을 것이다.

기존 경영학에도 똑같은 목적에 사용할 수 있는 프레임워크가 있다. 하지만 다섯 항목을 동시에 동적으로 파악하는 분석 기법은 본 적이 없다. 5요소 분석법은 국가, 산업, 기업, 사람 4계층을 동시에 읽어내고 아마존과 같은 초거대 기업의 대전략을 분석하는 데는 최적의 프레임 워크다.

우선 손자가 말한 도, 천, 지, 장, 법을 기업 경영 요소에 치환하는 형 태로 하나씩 살펴보자.

'도道'란 기업으로서 어떻게 존재해야 하는가와 같은 목표를 담은 원 대한 구상을 뜻한다. 이를 구체적으로 반영시킨 미션, 비전, 핵심 가치, 전략 같은 내용도 포괄한다.

우수한 조직은 전략을 뒷받침하는 요소로서 '천'과 '지' 두 가지를 갖추고 있다. '천天'이란 외부 환경의 변화를 예측한 타이밍을 뜻한다. 《맹자》를 보면 "하늘의 때는 땅의 이로움보다 못하고, 땅의 이로움은 사람 사이의 화합보다 못하다天時不如地利 地利不如人和"라는 말이 있는데,

도표 5 5요소 분석법

도표 6 5요소 분석법에 따른 아마존의 대전략 분석

사업 규모

우주 사업

물류 사업
(공중 창고 포함)

각종 사업

시간축의 길이

현실 세계 / 디지털 세계

무인 편의점 점포 Amazon.Go

홀푸드 인수

기존 사업

인터넷 기업 인수

아마존닷컴 내부

아마존닷컴 외부

도
(전략 목표)

미션과 비전
지구상에서 가장 고객 중심적인 회사

천
(하늘의 때)
시간 가치

지
(땅의 이로움)
공간 가치

재무 목표
잉여 현금 흐름의 장기적인 극대화

하늘의 때=시간 가치를 사업화
• 긴 시간·짧은 시간
• 속도의 경제
• 시간의 속도 향상
• 시간의 효율화
• 동기·비동기
• 비인기 상품의 사업화

핵심 가치

고객 중심주의

초장기적 관점

혁신에 대한 열정

탁월한 운영

리더십 원칙 14계명

천: 시간 가치+지: 공간 가치=시공 가치

땅의 이로움=공간 가치의 사업화
• 현실 세계·사이버 세계
• 아마존·아마존 웹 서비스
• 규모의 경제·범위의 경제
• 확장성
• 사이버 보안
• 셰어링
• 소매 기업, 물류 기업, 테크놀로지 기업에서 우주 사업 기업으로의 전개

시공 가치에서의 5가지 주요 전장

시공 접점으로서의 하드웨어
아마존 에코

콘텐츠로서의 소프트웨어
스킬

요충으로서의 플랫폼 음성 AI
아마존 알렉사

자원으로서의 빅데이터
구매 이력·음성·이미지 데이터

가치로서의 고객 경험
UE

• 베조스의 비전가형 리더십
• 임직원의 셀프 리더십
• 아마존 리더십 원칙 14계명
• 숫자와 열정을 무기로 삼을 것

장
(리더십)

×

법
(매니지먼트)

• 플랫폼과 생태계
• 냅킨에 적은 비즈니스 모델
• Day1 경영
• 저이익률 경영
• 초장기적 관점/고속 PDCA

타이밍은 하늘의 때天時에 해당한다.

즉 경쟁에 앞서 외부 환경의 중장기적인 변화를 미리 예측하고 원대한 구상하에 계획적으로 큰 목표를 실현해가는 것이다. 더 쉬운 말로 하면 대세를 얼마나 잘 따르고 있느냐, 혹은 속도감 있게 변화할 수 있느냐를 의미한다. 흔히 때마침 타이밍이 좋았다거나 시대의 흐름을 탔다고 말하는데 우수한 기업에 '때마침'이란 존재하지 않는다. 우수한 기업은 항상 하늘의 때를 정확히 예측하며, 시대를 자신의 편으로 끌어들여 일을 유리하게 추진한다. 여기서는 이처럼 하늘로부터 주어지는 것을 '시간 가치'라고 칭하기로 한다.

'지地'는 땅의 이로움地利이다. 손자는 전장이 아군 진영에서 먼지, 가까운지, 넓은지 좁은지, 산지인지 평지인지, 아군의 강점을 살릴 수 있는지 없는지와 같이 환경에 따라 싸우는 방식을 달리하라고 했다. 요컨대 유리한 환경을 활용해 불리한 환경을 극복하는 전략이다.

기업으로 치면 업계 구조, 경쟁 우위성, 입지 전략 등 땅의 이로움을 철저하게 분석하고, 그에 따라 싸우는 방식을 달리해야 한다는 뜻이다. 예를 들면 다른 기업이 모방할 수 없는 독자적인 노하우를 무기로 삼거나, 차별화 전략 또는 집중 전략으로 타사와는 다른 시장을 공략하는 방식이다.

참고로 기존의 프레임워크로 치환한다면 '천'은 요컨대 타이밍이 맞느냐를 의미하기 때문에 유명한 프레임워크 중 하나인 SWOT 분석을 적용할 수 있다. SWOT 분석이란 강점Strength, 약점Weakness, 기회Opportunity, 위협Threat이라는 4요소로 해당 시점에서 최적의 경영 전략을 도출하는 기법이다.

혹은 PEST 분석이 있다. 정치, 경제, 사회, 기술 분야의 변화를 분석하는 기법으로, 마찬가지로 '천'을 분석하는 프레임워크라 할 수 있다. 업계 구조 분석과 3C 분석 등도 마찬가지다.

'장將'과 '법法'은 전략을 실행에 옮길 때 필요한 양대 축이다. 경영학으로 치면 리더십과 매니지먼트의 관계다. 양쪽 모두 사람과 조직을 움직이는 수단이라는 점은 같다. 다만 리더십은 사람 대 사람의 커뮤니케이션으로 동기부여를 해 사람과 조직을 움직이는 반면, 매니지먼트는 도구나 시스템을 사용해 사람과 조직을 움직인다는 점이 다르다.

아마존의 전략 피라미드
– 지구상에서 가장 고객 중심적인 회사

위에서 말한 5요소로 아마존을 분석해 보자. 우선 아마존의 '도', 즉 전략이 어떻게 성립되어 있는지를 정리한 것이 [도표 7]이다.

미션, 비전, 핵심 가치와 같이 피라미드 아래쪽으로 내려갈수록 항목이 분할된다. 각각의 의미를 살펴보면 미션은 존재 의의나 사명, 비전은 회사의 미래상, 핵심 가치는 미션과 비전을 실행에 옮길 때의 행동기준이나 가치관과 같은 것이다.

아마존은 미션과 비전 모두 지구상에서 가장 고객 중심적인 회사

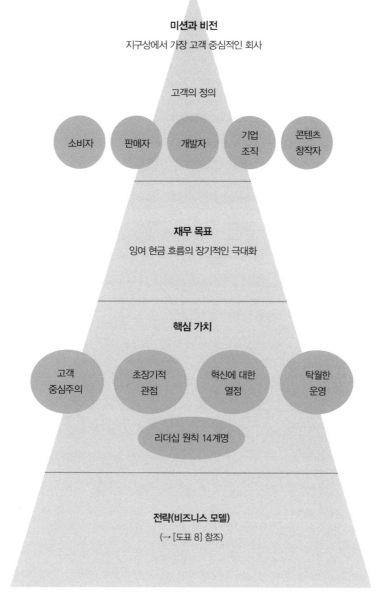

도표 7 아마존의 전략 피라미드: 미션·비전·핵심 가치·전략·사업

미션과 비전

지구상에서 가장 고객 중심적인 회사

고객의 정의

| 소비자 | 판매자 | 개발자 | 기업 조직 | 콘텐츠 창작자 |

재무 목표

잉여 현금 흐름의 장기적인 극대화

핵심 가치

| 고객 중심주의 | 초장기적 관점 | 혁신에 대한 열정 | 탁월한 운영 |

리더십 원칙 14계명

전략(비즈니스 모델)

(→ [도표 8] 참조)

라는 표현을 내걸고 있는 기업이다. 고객 중심주의는 아마존의 가장 중요한 캐치프레이즈이며 재차 등장할 핵심 키워드다.

다만 여기서 말하는 고객이란 아마존에서 책을 구입하는 일반적인 소비자에 국한되지 않는다. 아마존의 연간 보고서를 살펴보면 소비자, 판매자, 개발자, 기업·조직, 콘텐츠 창작자의 다섯 부류가 고객이라고 명시되어 있다.

소비자는 아마존과 같은 B2C 서비스를 이용하는 고객을 뜻하며 나머지 네 부류(판매자, 개발자, 기업·조직, 콘텐츠 창작자)는 모두 B2B 서비스를 이용하는 고객이다. 예를 들면 판매자는 아마존에 출점해 있는 업체, 개발자는 클라우드 컴퓨팅인 아마존 웹 서비스의 고객, 콘텐츠 창작자는 주로 아마존 프라임 비디오Amazon Prime Video나 아마존 비디오 다이렉트Amazon Video Direct 등 현재 아마존이 주력하는 동영상 스트리밍 서비스에 참여 중인 제작자를 말한다.

[도표 7]에서 특히 기억해야 하는 부분이 바로 재무 목표다. 베조스는 잉여현금흐름free cash flow의 장기적인 극대화가 목표임을 거듭 강조한다. 아마존은 이익을 좇지 않고 벌어들인 액수만큼을 사업 확대와 저가 전략으로 돌리는 입장을 취해온 것으로 잘 알려져 있다. 그래서인지 지지부진한 순이익에 비하면 현금 흐름 규모는 경이롭다. 제프 베조스는 이를 미래의 기업 가치를 극대화하기 위한 것이라고 설명한다.

다른 관점에서 보면 미래 먹거리를 위해 현재의 이익을 포기한다는 전략이다. 언뜻 멀리 돌아가는 것처럼 보이지만 잉여현금흐름을 중시하는 것 자체는 재무 이론적으로 보더라도 타당한 사고방식이다.

기업 가치를 산정하는 데는 몇 가지 방법이 있다. 가장 일반적인 방법은 주가승수Price Multiples(유사 회사 간의 이익이나 순자산을 비교하여 주가를 산정하는 방법)다. 예를 들어 주가를 순자산으로 나눈 값인 PBR(주가 순자산 비율)이라는 개념이 있다. 일본 기업의 경우 PBR이 1 전후인 기업이 적지 않은 반면 아마존은 23.5로 매우 높기 때문에 주가승수로 정당화할 수 있는 이론적인 범위를 넘어섰다[PBR이 높을수록 주가가 실질가치에 비해 고평가되었다는 의미다].

또 한 가지 방법으로 할인현금흐름discount cash flow이 있다. 현재 재무이론적으로 가장 타당하다고 알려진 방법인데, 장차 생겨날 잉여현금흐름에 대한 현재 가치로 기업 가치를 산출한다. 아마존이 중시하는 개념이 바로 이쪽이다. 아마존이 현재 높은 주가를 유지하고 있는 이유는 투자자와 주식 시장이 할인현금흐름을 중시하는 아마존의 견해를 인정하고 있기 때문이다.

참고로 개인적으로 친분이 있는 미국인 투자자에게 들은 바에 따르면, 미국의 성장 기업은 배당을 하지 않는 것이 투자의 기준이라고 한다. 실제로 마이크로소프트가 오랜 기간 고수하던 무배당 원칙을 깨고 배당을 개시한 시점에 그의 주식 포트폴리오에서는 마이크로소프트가 제외되었고 아마존 역시 무배당이라는 점이 성장을 지속하는 증거라고 보고 있다. 성장 기업은 기업 주변에 투자 가치가 높은 프로젝트가 존재하는 이상 투자를 계속하면 된다. 하지만 투자 대상이 없어진다면 배당을 해야 한다는 것이 그의 명쾌한 이론이다.

아마존에 혁신 기업의
딜레마는 존재하는가

미션과 비전이 회사의 미래상을 그리는 것이라면, 핵심 가치는 이를 위한 행동 기준 혹은 회사가 중요하게 여기는 가치관을 뜻한다. '직원들이 어떤 가치관을 가지고 일하기를 바라는지'에 대한 베조스의 생각을 보여주는 것이기도 하다.

그는 항상 세 가지 핵심 가치를 강조했다. 바로 고객 중심주의, 초장기적 관점, 혁신에 대한 열정이다.

2017년 연간 보고서를 보면 핵심 가치에 탁월한 운영Operational Excellence이 추가되었다. 이에 대해서는 뒤에서 자세히 설명하겠다. 리더십 원칙 14계명 역시 나중에 추가된 항목인데 원래 핵심 가치로 제시되어 있던 10개 조항을 리더십 원칙으로 정리해 묶어낸 것이다. 이에 대해서는 제5장에서 다시 다루도록 하겠다.

혁신에 대한 열정은 아마존 창업 이래 베조스가 입이 닳도록 계속 강조해온 사항이며, 이것이 아마존의 경쟁 우위성 중 하나라는 사실에는 의심의 여지가 없다. 혁신이라고 하면 모든 닷컴 기업(인터넷 비즈니스를 전개하는 벤처 기업)이 외치는 새삼스러울 것 없는 공염불일지도 모른다. 하지만 대부분의 기업은 혁신에 실패하고 혁신을 계속 만들어내는 것 또한 현실적으로 불가능하다. 왜냐하면 혁신 기업의 딜레마The Innovator's Dilemma가 존재하기 때문이다.

혁신 기업의 딜레마란 하버드 경영대학원의 클레이턴 크리스텐슨

Clayton Christensen 교수가 제창한 개념이다. 베조스가 혁신 기업의 딜레마를 의식하고 있다는 사실은 미국에서도 널리 알려져 있다. 파괴적인 혁신을 일으켜 새로운 비즈니스를 시작하는 회사가 성장하며, 물론 그래야 바람직하다. 하지만 더욱 큰 파괴적인 혁신을 일으키고자 하면 기존 사업 영역에서 자기 잠식이 발생할 위험이 생긴다. 따라서 파괴적 혁신은 회피되고 단계적인 혁신에 그친다. 결과적으로 또 다른 파괴적 혁신을 불러온 회사에 추월당한다는 이론이다.

반면에 아마존은 계속적인 혁신을 만들어내고 있다. 한 번만 누르면 생필품이 자동 배달되는 아마존 대시 버튼, 말을 걸기만 해도 음악을 재생할 뿐 아니라 스타벅스 커피까지 주문하는 아마존 에코, 2016년에는 계산대가 없는 무인 편의점 아마존 고의 시범 운영도 개시했다. 어떻게 이런 일이 가능한 것일까?

일찍부터 혁신 기업의 딜레마를 의식했던 베조스가 아마존을 대기업이면서 파괴적 혁신을 자발적으로 일으키는 기업으로 계속 존재하도록 만들고 있기 때문이다.

파괴적 혁신을 위해서라면 기존 사업 영역에 자기 잠식이 생겨도 망설이지 않는다. 전자책 단말기인 킨들Kindle이 좋은 사례다. 전자책 서비스는 아마존 창업 이래 이어져온 온라인 서점 비즈니스와 자기 잠식을 일으킬 가능성이 있었다. 하지만 베조스는 이를 두려워하지 않고 킨들이라는 파괴적 혁신을 만들어냈다. 베조스는 기존에 도서 부문을 담당하던 간부를 디지털 부문으로 발령한 뒤 이렇게 말했다.

"자네의 임무는 여태껏 쌓아올린 사업을 죽이는 것일세. 종이책을 파는 모든 사람들을 실직자로 만들 것처럼 디지털 사업을 진행하게."
(브래드 스톤,《아마존, 세상의 모든 것을 팝니다》)

이미 플랫폼과 생태계라는 구상을 추진해온 것도 마찬가지로 혁신이라는 맥락에서다. 아마존 웹 서비스는 원래 자사 서비스를 위해 개발된 클라우드 서비스를 타사가 이용할 수 있게끔 개방한 것이다. 아마존 에코에 탑재된 음성인식 AI 아마존 알렉사는 서드파티 제조사가 알렉사 탑재 제품을 만들 수 있게끔 개발 도구를 공개하고 있다.

자사의 시스템이나 기술을 개방하는 정책은 혁신을 일으키는 양날의 검이다. 다른 회사가 모방함으로써 경쟁 우위성을 빼앗길 위험이 있기 때문이다. 그러나 아마존은 위험을 감수하면서까지 스스로를 경쟁에 노출시키고 있다. 베조스는 경쟁 속에서 파괴적 혁신이 생겨나기를 기대한 것이다.

베조스가 냅킨에 적은 비즈니스 모델

또 하나 간과해서는 안 되는 항목이 바로 고객 중심주의다. 미션과 비전, 핵심 가치에 모두 이 말이 등장하는 것만 봐도 베조스가 이를 얼마나 중요하게 여기는지를 짐작할 수 있다. 베조스가 아마존 창업 당시 냅킨에 적었다는 비즈니스 모델을 [도표 8]에 제시했다.

여기 적힌 고객 경험이라는 말에 주목하기 바란다. 고객 중심주의와 밀접한 관계에 있는 것이 바로 고객 경험Customer Experience이라는 개념이다. 마케팅 전문가인 번트 슈미트Bernd Schmitt 교수가 제창한 개념인데, 요즘은 사용자 경험User Experience, UX이라고도 불리며 몇 년 전부터 웹 비즈니스 업계에서 주목받고 있다. 최근 웹 마케팅에서 가장 중요한 개념이라 해도 과언이 아니다. 나아가 앞으로 현실 세계 마케팅의 가장 중요한 개념 중 하나로 성장해가리라 예상한다.

뒤에서 자세히 다루겠지만, 베조스가 창업 시점부터 고객 중심주의를 아마존의 핵심에 놓았다는 사실에 유의해야 한다. 더구나 고객 중심주의는 아마존뿐만 아니라 아마존 웹 서비스, 뒤에서 설명할 우주 사업 등 모든 사업에 일관되게 적용되어 있다. 그만큼 베조스의 비즈니스 모델은 공고하며, 고객 중심주의라는 베조스의 철학과 사상을 철저히 반영한다는 점을 증명한다.

베조스가 냅킨에 적은 비즈니스 모델을 다시 한 번 자세히 살펴보자. 쉽게 말하면 이렇다.

선택(상품 구성)을 늘리면, 즉 많은 상품을 취급해 고객 입장에서 선택지가 많아지면 고객의 만족도가 높아진다. 만족도가 높아지면 트래픽이 증가한다. 즉 아마존닷컴에 사람이 모여든다. 고객이 모이면 아마존에서 물건을 팔고 싶어하는 판매자가 모인다. 이로써 고객의 선택지는 점점 더 많아지고 만족도는 높아진다. 이를 아마존의 성장 주기로 회전시킨다는 것이 베조스의 비즈니스 모델이다.

비즈니스 모델의 전제는 저가다. 고객 경험 앞쪽에 저가와 상품 구성이 놓여 있어 고객은 저렴하고 다양한 상품 구성을 가장 바란다고

※아마존 홈페이지에서 발췌

여기는 베조스의 인식이 엿보인다. 저가 앞쪽에 낮은 원가 구조가 놓여 있는 이유는 낮은 원가를 구축해야 비로소 저가 상품을 계속적으로 제공할 수 있기 때문이다.

상품 구성 앞쪽에는 판매자가 놓여 있다. 아마존이 자사에 상품을 모으는 것으로 끝내는 것이 아니라, 판매자를 늘리고 그들의 힘을 빌려 상품 구성의 내실화를 꾀하겠다는 구상이다. 고객 경험이 향상되면 이번에는 트래픽이 증가한다. 여기서 말하는 트래픽이란 방문객 수보다 넓은 개념이다. 아마존닷컴을 방문한 소비자, 입점한 판매자뿐만 아니라 아마존 웹 서비스를 이용하는 기업과 알렉사 관련 개발자를 모두 포함한, 아마존이라는 생태계 전체를 둘러싼 교통량이다.

놀라운 점은 베조스가 처음 냅킨에 그림을 그렸을 때부터 낮은 원가 구조, 나아가 원가 우위를 목표로 삼았다는 데 있다. 지금도 아마존의 비즈니스는 낮은 원가 구조가 철저히 유지되고 있다.

　원가 우위 구축 후에 원가 선도 기업이 고를 수 있는 선택지는 두 가지다. 하나는 상품과 서비스를 저가에 제공하는 것이고, 다른 하나는 다른 경쟁사와 같은 가격에 파는 대신 큰 마진을 취하는 것이다. 아마존이 취한 전략은 전자다. 마진을 취하지 않고 낮은 원가 구조로 얻은 이익은 저가라는 형태로 고객에게 환원되고 있다.

　여기서는 고객 중심주의라는 생각과 철저한 가격 전략으로 경쟁사를 제압하겠다는 의도가 느껴진다. 대기업, 중소기업 할 것 없이 경영자가 자신의 사업에 대해 얼마만큼의 철학과 사상을 가지고 있느냐는 매우 중요한 문제다. 베조스는 바로 이 부분이 보통 사람이라고는 생각할 수 없을 정도로 강렬하다. 이 주제는 제5장에서 더 깊이 살펴보자.

　무엇보다 중요한 것은 베조스가 제시한 '도'가 임직원 개개인에게 체화되어 있고 상품과 서비스는 물론 비즈니스 모델에도 충실히 녹아들어 있다는 사실이다. 임직원 입장에서 미션, 비전, 핵심 가치 항목은 그저 공염불이 아닌 셈이다. 이것이 바로 '도'에서 알 수 있는 아마존의 최대 경쟁 우위성이다.

사용자 경험을
가장 우선시한다

특히 아마존의 경쟁 우위성은 철저한 고객 중심주의에 깃들어 있다. 아마존은 사용자 경험(고객의 경험 가치)을 높일 목적으로 빅데이터와 AI라는 수단을 채택했고 결과적으로 높은 경쟁 우위성을 실현할 수 있었다. 즉 고객을 더욱 잘 알아야 사용자 경험이 향상한다는 것이다. 아마존은 고객을 알기 위한 수단으로 빅데이터와 AI를 최대한 활용하고 있다.

쉽게 말해 사용자 경험이란 제품과 서비스로 얻을 수 있는 경험의 총칭으로, 줄여서 UX라고도 한다. 사용자 경험에는 '사용하기 쉽다', '즐겁다', '알기 쉽다' 등 다양한 요소가 있다. 서비스의 기능이 좋은 것만으로는 타사와 차별화할 수 없는 시대에 접어들면서 새롭게 주목받는 요소가 바로 사용자 경험이다. 아무리 서비스의 기능이 좋아도 서비스를 사용하면서 기분이 좋지 않다면, 사용자는 기능이 다소 떨어지더라도 사용하기 편하고 기분이 좋은 서비스로 갈아타게 된다.

기술 발전에 따라 사용자가 서비스에 기대하는 사용자 경험의 수준은 한껏 높아져 있는 상태다. 이와 관련된 주위의 사례를 찾아보자.

즉각 반응하는 스마트폰에 익숙해져 있는 사람은 앱이 몇 초만 버벅거려도 스트레스가 크다. 이제 우리는 사람과 사람이 만나 일상적인 커뮤니케이션을 할 때와 똑같은 쾌적함과 편안함을 테크놀로지에 요구하는 상황이다.

아마존은 우리의 이런 요구에 정면으로 응답하려는 기업이다. 아마존닷컴만 해도 찾고, 보고, 검색하고, 고르고, 구입하고, 물건을 받아보고, 사용하는 과정이 어려움 없이 물흐르듯 디자인되어 있다. 하지만 사용자 경험에 대한 집착은 거기서 그치지 않는다. 아마존에서는 사용자 경험이야말로 최상위 개념이다(냅킨에 적은 비즈니스 모델 순환도에도 사용자 경험이 가장 중요한 개념으로 제시된다).

경영학 분야에서는 킨들을 좋은 사례로 다룬다. 킨들이 전자책 단말기 시장을 석권하기 전에는 소니 등 여러 회사가 시장 진입을 시도했지만 누구도 성공에 이르지 못했다. 선행자 이익만 좇은 나머지 사용자 경험 수준이 낮은 단계에서 출시를 감행했기 때문이다.

그렇다면 아마존은 어땠을까? 베조스는 킨들의 성능을 놓고 개발진에게 실로 까다로운 조건을 던졌다. 예를 들어 책을 일단 읽기 시작했다면 기기 존재 자체를 잊어버릴 정도로 자연스러운 조작감이 있어야 한다는 것이다.

또 다운로드에 발생하는 데이터 요금을 사용자에게 요구하지 않아야 하며, 킨들 발매까지 10만 권의 책을 다운로드 가능한 상태로 만들 것을 요구했다. 이처럼 기기의 완성도와 콘텐츠의 양이 충분한 사용자 경험을 제공할 수 있는 단계에서 출시함으로써 킨들은 전자책 시장을 평정할 수 있었다.

아마존의 고객 중심주의는 사용자 경험과 직결되어 있다. 다시 말해 사용자 경험 수준이 낮은 상품은 결코 시장에 투입하지 않는다.

2016년 무인 편의점 아마존 고의 발표가 화제가 되었다. 이는 창업한 지 20년이 지나서야 겨우 오프라인에서도 아마존 사이트와 같은 수준 이상의 사용자 경험을 제공할 수 있다는 확신을 가질 만큼 기술이 성숙했다는 뜻이다.

아마존이 개발한 음성인식 AI 알렉사를 탑재한 음성 비서 단말기 아마존 에코는 미국에서 엄청난 히트를 쳤고, 2017년 말에는 일본에서도 출시되었다. 아마존이 지금까지 사용자 경험 면에서 타협한 적이 없었다는 점을 감안한다면, 아마존 스스로 일본어 음성 데이터를 빅데이터라 할 수 있는 수준까지 충분히 대량 축적하고 알렉사라는 음성 AI에 학습시켜 일본어 번역이 완전하다고 할 수 있는 단계까지 왔다고 볼 수 있다(제2장에서는 아마존 에코가 일본에서도 시장을 선도할 수 있을지에 관해 분석한다).

원가 우위 전략과
차별화 전략의 양립

이번에는 아마존의 전략적인 면에 관해 보충한다([도표 9] 참조). 하버드 대학교 경제학 교수 마이클 포터 Michael Eugene Porter에 따르면 전사 차원에서의 경쟁 전략은 세 가지, 즉 원가 우위 전략, 차별화 전략, 집중 전략이다. 집중 전략은 원가에 집중하느냐 차별화에 집중하느냐에 따라 두 유형으로 나뉜다.

여기서 아마존의 특징은 전방위적으로 사업을 전개하고 있다는 점이다. 보통은 원가 우위 전략이나 차별화 전략 중 어느 한쪽을 선택하는데, 아마존은 원가 우위 전략과 차별화 전략을 양립시키고 있다. 원가 우위 전략으로 얻은 이익을 저가라는 형태로 고객에게 환원하고, 프라임 회원용 TV 프로그램 등 매력적인 아마존 독점 콘텐츠를 제공함으로써 차별화 플레이어로서도 강한 존재감을 보이고 있다.

그렇다면 마케팅 전략에서는 어떨까? 여기서는 세그먼테이션, 타기팅, 포지셔닝이라는 관점에서 살펴보자.

시장을 전부 공략하기란 어려우므로 특정한 기준에 따라 시장을 A, B, C, D, E 다섯 가지로 구분한다고 치자. 이때 '다섯 가지로 구분한다'가 세그먼테이션, 'A를 고른다'가 타기팅, 'A를 이렇게 공략한다'가 포지셔닝에 해당한다.

이 중에서 마케팅의 핵심을 이루는 것이 세그먼테이션이다. 기존에는 주로 연령이나 성별, 직업, 학력, 소득과 같은 속성을 세그먼테이션에 이용했다. 그러나 예전처럼 사용자에 대한 데이터가 한정되던 시절이라면 몰라도, 오늘날 이런 분류는 틀에 박힌 형식이며 세그먼테이션으로서는 허술하다고밖에 볼 수 없다.

제3장에서 살펴보겠지만 아마존은 기존에 협업 필터링Collaborative Filtering이라는 방법으로 상품을 추천해왔다. 하지만 이제는 빅데이터와 AI 결합으로 사용자 개개인에 대한 실시간 일대일 마케팅이 가능해졌다. 구입했거나 점찍어 놓은 상품의 목록이나 검색어 등을 파악함으로써 특정 사용자의 심리 패턴이나 행동 패턴까지 빅데이터로 수집해, 사용자 개개인의 취향에 맞게 추천으로 연결하고 있다.

아마존의 빅데이터와 AI는 더욱 세분화한 0.1인 세그먼테이션을 가

도표 9 아마존의 전술 및 마케팅 전략의 전체 구조

미션과 비전
지구상에서 가장
고객 중심적인 회사

전략

원가 우위 전략과
차별화 전략의 양립

	낮은 원가	차별화
전방위	⬭	
특정	원가 집중	차별화 집중

원가 우위에서 오는
경쟁 우위성은 고객에게
저가라는 형태로 환원하는 전략

마케팅 전략

빅데이터와 AI로
세그먼테이션 마케팅에서
일대일 마케팅으로

세그먼테이션 마케팅　　일대일 마케팅　　0.1인 세그먼테이션

행동 이력 분석으로
실시간 일대일 마케팅인
0.1인 세그먼테이션이
가능

마케팅 전술

4P
Product
Price
Place
Promotion

X

4C
Customer Value
Cost
Convenience
Communication

핵심 가치

고객 중심주의　초장기적 관점　혁신에 대한 열정　탁월한 운영　리더십 원칙 14계명

58

능하게 만들었다. 아마존의 전 수석 데이터과학자로 베조스와 함께 일했던 스탠퍼드 대학의 안드레아스 웨이겐드Andreas Weigend 교수는 자신의 저서 《사람을 위한 데이터Data for the People: How to Make Our Post-privacy Economy Work for You》에서 '0.1인 규모로 분할하는 아마존'이라고 적었다. 사용자 개개인의 시시각각 변하는 요구사항을 반영한 0.1인 규모의 세그먼테이션이라는 뜻이다. 아마존은 빅데이터와 AI로 개인에 대한 궁극적인 수준의 분석을 추구한다.

마케팅의 전술 면에 주목한다면 일반적인 회사가 중시하는 항목은 4P, 즉 제품Product, 가격Price, 유통Place, 판촉Promotion이다. 아마존은 4P 외에 4C, 즉 사용자 가치Customer Value, 지불 비용Cost, 편의성Convenience, 커뮤니케이션Communication을 추가했다는 특징이 있다.

항목을 보면 알겠지만 원래 4P는 상품의 제공자 측 개념인 반면 4C는 고객 측 개념이다. 아마존의 고객 중심주의는 마케팅 전술에도 치밀하게 반영되어 있다.

2018년, 우주여행을 향해

5요소 분석법에서 '천'은 하늘의 때, 즉 천운이나 시대의 흐름을 가리킨다. 과거, 현재, 미래에 관한 내용이며 시간 가치라는 개념과 맞물려 있다. '지'는 땅의 이로움에 관한 내용이다. 여기서는 현실 세계와 디지털 세계라는 양대 축에서 공간 가치를 살펴본다.

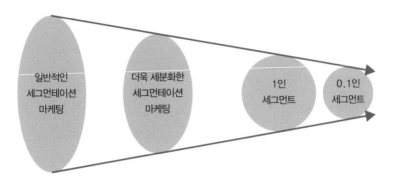

도표 10 1인 세그먼테이션과 0.1인 세그먼테이션

아마존은 하늘의 때, 즉 시간 가치를 사업화해온 회사라고 볼 수 있다. 트렌드 또한 아마존의 편에 선 양상이다. 클라우드, AI, 빅데이터, 사물인터넷, 인터넷과 현실, 우주 사업 등 메가테크 분야에서 새로운 테크놀로지가 상업화하기 시작했으며, 아마존은 이런 하늘의 때를 잇달아 사업화하고 있다.

베조스의 염원이었던 우주 사업만 해도 그렇다. 몇 년 전이었다면 민간 기업에서 우주 사업을 시행한다는 것은 상상할 수 없는 일이었다. 하지만 민간 우주여행이 실현될 날도 얼마 남지 않았다. 2017년 5월, 베조스가 2018년에 유료 우주여행 서비스를 제공하겠다고 발표했기 때문이다.

또 지극히 단순하게 말하자면 속도는 경영상 경쟁 우위를 만들어낸다. 속도 덕분에 다양한 기회가 창출되고 기회비용을 줄일 수 있으며 선행자 이익을 획득할 수 있다. 물론 아마존 사용자에게는 상품 도착까지 걸리는 배달 시간 단축이라는 커다란 장점을 제공할 수 있는 셈이다.

한편 핵심 가치 부분에 초장기적 관점이라는 말이 나온 것은 상징적이다. 베조스 입장에서 우주 사업은 어릴 적부터 꿈꾸어온 일이었다. 2000년에 그가 설립한 항공 우주 기업 '블루 오리진Blue Origin'은 매우 저렴한 가격의 우주여행을 목표로 한다. 블루 오리진은 설립 당시부터 고속으로 PDCA[계획plan → 실천do → 확인check → 조치action를 반복해서 실행해 목표를 달성하는 기법]를 회전시켰으며 불과 20년도 지나지 않은 현 시점에 우주여행 성공을 눈앞에 두고 있다. 이처럼 초장기적 관점과 속도, 긴 시간과 짧은 시간의 결합 또한 아마존의 특징이다.

규모의 경제, 범위의 경제, 속도의 경제
– 아마존의 '지'

기업 입장에서 '지'란 무엇인가에 관해서는 다양한 해석이 가능한데, 그중 하나는 토지나 자원을 뜻한다. 현대 비즈니스에서 토지는 현실 공간에서 시작해 사이버 공간, 심지어는 우주 공간까지 펼쳐져 있다고 볼 수 있다.

아마존이 디지털 세계 안에서의 아마존닷컴을 시작으로 오프라인으로 진출해 무인 편의점 아마존 고를 보급시키려고 한다는 사실은 이미 알려진 대로다.

아마존닷컴 바깥쪽을 살펴보면 디지털 세상에서는 온라인 쇼핑몰 자포스Zappos 등 닷컴계 기업을 인수하고, 현실 세계에서는 미국의 고급 슈퍼마켓 체인 홀푸드를 인수하는 등 공간 가치를 잇달아 사업화하고 있다.

인터넷 세계에서 땅의 이로움을 얻은 기업이 현실 세계에서도 땅의 이로움을 얻는다는 사실을 최근 아마존이 증명하고 있는 양상이다. 아마존은 인터넷 세계의 빅데이터와 AI 기반 고객 분석, 0.1인 세그먼테이션 등 다양한 지식을 배양해왔다. 인터넷 세계에서 쌓은 지식은 현실 세계에서 강력한 무기가 될 수 있다.

아마존은 오프라인으로 확장해나가는 중에도 공간 가치를 착실하게 넓혀가고 있다. 이때 경영학에서 중요한 것은 규모의 경제, 범위의 경제, 속도의 경제의 삼위일체다.

규모의 경제란 낮은 원가 구조를 구축한다는 뜻이다. 규모가 커질수록 서비스를 더 저렴하게 제공할 수 있기 때문이다.

범위의 경제란 알기 쉽게 말하면 다음과 같다. 책만 팔던 전자상거래 사이트가 CD와 DVD, 또는 가전과 생활용품을 파는 것이다. 원래 책을 팔기 위해 구축한 플랫폼과 생태계를 그대로 사용할 수 없다면 책 이외의 물품을 파는 결정은 경제학적 혹은 재무적으로 타당하다고 볼 수 없다. 그러나 CD와 DVD, 가전과 생활용품을 팔 때 플랫폼과 생태계를 공유할 수 있다면 어려움 없이 다른 상품 카테고리를 취급할 수 있다. 달리 말하자면 상품 간의 시너지가 있다고 판단되는 경우 상품의 범위를 확장하는 것이다.

범위의 경제에서 또 한 가지 간과할 수 없는 사항은 외부 파트너와 협업했을 때 시너지가 생겨날 수 있는지 여부다. 아마존은 어디까지 독자적으로 추진하고 어디부터 타사와 함께할지(수입원을 어디로 할지) 깊이 고민한다.

여기서도 킨들이 좋은 사례다. 킨들 스토어에서 구입한 전자책은 아마존의 킨들 단말기가 아닌 애플의 아이패드에서도 읽을 수 있다. 아마존이 개방한 킨들 앱을 애플의 단말기에 설치하면 킨들 단말기가 없어도 된다. 앱을 다른 제조사에 개방하느냐 마느냐는 비즈니스상 커다란 결단이다. 그러나 아마존이 수익을 올리는 부분은 결국 킨들 하드웨어가 아닌 그 위에 올라가는 콘텐츠다.

사업 카테고리를 확장할 때는 시너지가 중요하다. 아마존은 사업 간에 시너지가 있다면 언뜻 보기에 전자상거래 사이트와 관계없는 사업일지라도 진출한다. 사업 간 시너지의 좋은 사례가 바로 아마존 프라임이다. 일본에서는 연회비 3,900엔 혹은 월정액 400엔 가량을 지불하면 특급편과 당일 배송, 영화와 TV 프로그램 등 다양한 특전이 무료로 제공된다(미국 아마존의 경우에는 연회비 99달러, 월정액 12.99달러다). 아마존 에코 역시 프라임 회원만을 위한 서비스다.

아마존이 특히 최근에 디지털 콘텐츠에 주력하는 배경에는 아마존 프라임 회원을 늘리기 위한 목적도 다분하다. 즉 디지털 콘텐츠와 아마존 프라임은 시너지를 내는 관계에 있다.

잘 생각해보면 속도의 경제가 가져다주는 가장 두드러진 혜택이라 할 수 있는 당일 배송은 규모의 경제가 가져다주는 혜택이라고도 볼 수 있다. 규모의 경제가 없다면 당일 배송은 비용 면에서 불가능하기 때문이다.

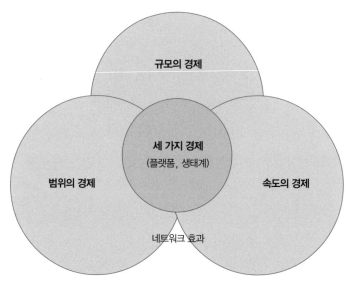

도표 11 아마존 시공 가치의 세 가지 경제

규모의 경제

세 가지 경제
(플랫폼, 생태계)

범위의 경제

속도의 경제

네트워크 효과

시장 참여자 수가 늘어날수록 상승적으로 네트워크 가치가 높아지고
시장 참여자 입장에서는 이익이 많아진다.

책과 DVD 등으로 취급 상품을 한정하기보다는 가전과 의류 등 더 많은 상품을 취급해야 당일 배송의 장점이 커진다. 아마존 프라임은 모든 면에서 규모의 경제, 범위의 경제, 속도의 경제가 삼위일체를 이루며 시너지를 만들어내고 있다.

아마존 프라임은 아마존의 비즈니스 주기를 계속 회전시키기 위한 강력한 엔진이다. 이렇게 아마존은 단순한 온라인 서점에서, 가전과 패션, 생활용품까지 모두 취급하는 에브리싱 스토어, 더 나아가 클라우드와 물류, 동영상 스트리밍 서비스까지 제공하는 에브리싱 컴퍼니로 진화했다.

소매와 물류의 거인에서
클라우드의 거인으로

　　　　　　　　　　아마존이 땅의 이로움, 즉 공간 가치를
사업화한 사례는 이 밖에도 드론 배달이 있다. 당연히 드론으로 공간
데이터를 취득하려는 목적이 있을 것이다.

아마존은 비행선 형태로 하늘에 띄운 거대한 창고에서 드론을 사용
해 고객에게 상품을 보내준다는 구상으로 이미 특허를 획득했다. 이 밖
에 소매 기업, 물류 기업, 테크놀로지 기업에서 우주산업 기업으로의
전개는 확실히 공간 가치의 사업화이고, 아마존 웹 서비스는 클라우드
컴퓨팅 분야에서 시장 점유율 1위다. 아마존은 이미 세계 최강의 시스
템 회사이기도 하다.

아마존의 땅의 이로움을 이야기할 때 현재 가장 중요한 부문은 아
마존 웹 서비스다. 아마존 웹 서비스는 테크놀로지 기업으로서의 아마
존에 엄청난 경쟁 우위성을 만들어냄과 동시에, 수익 면에서 아마존을
견인하는 사업으로 성장하고 있다.

아마존 웹 서비스는 아마존의 인터넷 판매를 지원하기 위해 많은 인
력, 물자, 자금을 투입해 개발한 클라우드 컴퓨팅 시스템을 외부에 개방
해 사업화한 것이다. 아마존은 클라우드 컴퓨팅 부문에서 원가 우위 전
략과 차별화 전략을 발휘함으로써 이제는 세계 클라우드 시장의 30퍼
센트를 차지하기에 이르렀다.

[도표 12]는 아마존의 매출과 이익에서 아마존 웹 서비스가 차지하

는 비율을 나타낸 것이다. 이제 아마존 웹 서비스 사업은 전사 매출의 9퍼센트를 차지하며, 영업 이익에서는 놀랍게도 74퍼센트를 차지한다. 영업 이익률도 높다. 아마존 전체 영업이익률이 3퍼센트인 데 비해 아마존 웹 서비스 사업의 이익률은 25퍼센트에 달한다. 아마존 웹 서비스는 서비스 개시 이래 60회 이상 가격을 거듭 인하하고 있는데 이익률만 놓고 보자면 아직도 가격 인하 여력이 남아 있다고 봐야 할 것이다.

흔히 아마존은 이익을 쌓아두지 않고 고객에게 환원한다고 하는데, 그래프를 보면 정확하게는 아마존 웹 서비스로 올린 이익을 다른 사업으로 돌리는 구조라는 사실을 잘 알 수 있다.

베조스 입장에서는 아마존 웹 서비스의 눈부신 성장 속도 또한 계산된 것일 수 있다. 베조스는 확장성을 매우 중시하는 경영자다. 즉, 애초에 확장할 수 없는 사업에는 뛰어들지 않는다. 아마존 웹 서비스가 이만큼 점유율을 확대한 계기는 사이버 보안이라는 새로운 위협이 순풍으로 작용했기 때문이다.

2017년 3월에 이스라엘 국비 초빙 리더십 프로그램의 단장 자격으로 일본계 대기업의 젊은 간부 및 IT 업계의 젊은 창업자 12명과 함께 이스라엘을 방문한 적이 있다.

이스라엘이라고 하면 중동 국가, 유대교 계율, 팔레스타인 문제를 떠올리는 사람이 많다. 하지만 이스라엘이 AI, 사물인터넷, 자율주행 자동차, 사이버 보안 등 메가테크 분야에서 미국을 능가할 정도의 기술 대국으로 성장했다는 사실은 그다지 알려져 있지 않다. 그것은 군사와 민간이 밀접한 관계가 있기 때문이다. 유대인의 박해와 디아스포라

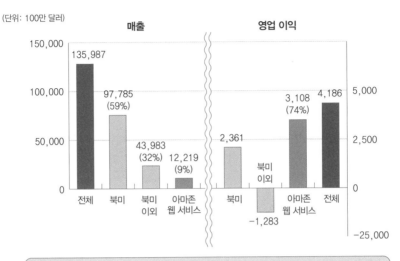

도표 12 아마존의 매출과 영업 이익

(단위: 100만 달러)

매출

영업 이익

- 아마존 웹 서비스 사업은 전사 매출의 9퍼센트를 차지하는 한편, 영업 이익에서는 전체의 74퍼센트까지 차지하고 있다.
- 영업 이익 기준으로 북미 이외 사업은 12억 8,300만 달러의 적자를 기록했으나, 아마존 웹 서비스의 흑자로 북미 이외 사업의 전개 비용을 충당하는 양상이 수치로 엿보인다.
- 아마존 웹 서비스 사업의 영업 이익률은 25퍼센트에 달한다(전체 이익률은 3퍼센트).

diaspora라는 아픈 역사가 있는 이스라엘은 적국에 둘러싸여 지금도 현실과 사이버를 불문하고 긴박한 상황의 한복판에 놓여 있는 초군사 국가다. 최신 군사 기술에는 AI, 사물인터넷, 빅데이터, 사이버 보안과 같이 대체로 메가테크와 중복되는 사항이 요구된다.

인재에 대한 투자도 철저하다. 초등학교부터 프로그래밍 교육을 실시하고 성적이 우수한 학생은 특별 관리한다. 18세가 되면 미국의 국가안전보장국에 해당하는 기관인 8200부대에 배속해 최첨단 군사기술 개발을 맡긴다. 18세 이상 모든 국민에게 병역 의무를 부과하는 징병제 국가 이스라엘에서 특별히 선발되는 소수 정예 부대다. 우리로 치면 명문대 이과 학생들을 국가가 선발해 군사 기술 개발을 시킨다고 보면 쉽게 이해될 것이다.

미국과 결정적인 차이는 군사 기술을 민간이 활용할 수 있도록 촉진하고 있다는 점이다. 그 증거로 8200부대 출신 대다수가 창업을 한다. 한때 미국 나스닥에 상장한 기업 수가 미국 다음으로 많을 정도였다.

이스라엘이 사이버 보안의 최첨단에 있다면 일본은 어떨까? 유감스럽게도 상당히 뒤처져 있다고 말할 수밖에 없다. 사실 미쓰비시 UFJ 등 일본 대기업에는 최근 IT 시스템을 아마존 웹 서비스로 이관하는 움직임이 있다. 비용 면에서의 우위성만이 이유는 아니다. 사이버 보안의 안전성을 따져본다면 선택지는 아마존밖에 없기 때문이다.

IT 업계에서 일본의 사이버 보안 수준은 상당히 낮아 후진국에 가깝다. 전문가에 따르면 현재 일본 기업의 기밀은 중국 기업으로 새어 나가고 있는 것은 물론 실시간으로 정보를 도둑맞고 있다 해도 과언이 아닌 상황이라고 한다.

사이버 보안 측면에서 일본 기업은 심각한 무방비 상태다. 유감스럽게도 자구적인 노력만으로는 막아낼 방법이 없다. 따라서 비용이 저렴하고 클라우드 컴퓨팅 업계에서 경쟁 우위에 있는 아마존 웹 서비스를 사용하는 흐름이 점차 가속화하고 있다. 다가올 시대에 사이버 보안은 AI, 사물인터넷, 자율주행 자동차, 우주 산업 기술과 같은 메가테크와 밀접한 관계에 있다는 점이 특히 중요한 사실이다. 테크놀로지가 진화하면 진화할수록 서버 보안의 위협에 노출된다는 점을 보더라도 아마존 웹 서비스와 아마존은 경쟁 우위에 있다.

앞서 아마존 전체 영업 이익의 74퍼센트를 아마존 웹 서비스가 차지한다고 언급했는데, 그 배경에는 사이버 보안의 신뢰성이 있다. 아마존은 클라우드 컴퓨팅이라는 '땅'에서도 세계를 석권하려 하고 있다.

베조스의 리더십
– 아마존의 '장'과 '법'

5사 이야기로 돌아오자. '장'은 제프 베조스의 리더십을 가리킨다. 아마존의 대전략을 그리는 희대의 경영자는 대체 어떤 인물일까? 거대한 조직을 어떤 방식으로 통치하고 있을까?

자세한 설명은 제5장에서 다루겠지만, 한마디로 말해 베조스는 모든 면에서 극단적인 인물이다. 장기간에 걸친 미션을 계속 추구하는 초장기적 관점과, PDCA를 초고속으로 회전시키는 초단기적 관점을 함께 가지고 있으며, 혹 음과 양의 성질을 동시에 갖췄다. 매우 친근한 성격인듯 싶다가도 미친 듯이 화를 내는 인물로 알려져 있다.

인간적으로 호감 가는 인물인지는 약간 의문스럽다. 다만 베조스의 인격이 아마존을 아마존답게 만들고 있다는 사실에는 의심의 여지가 없다. 앞서 말했듯이 아마존이 경이로운 이유는 고객 중심주의가 그저 공염불에 그치지 않고 모든 것을 관철하며 끝까지 해냈다는 데 있기 때문이다. 베조스가 상식적인 사람이었다면 불가능했을 일이다.

지금까지 여러 기업의 컨설팅 업무를 해오면서 느낀 점은 대기업을 이끄는 창업자나 경영자에게 보이는 공통적인 특징은 매사를 철저하게 끝까지 해낸다는 점이다. 그들의 철저함을 보면 인간성이 결여되어 있는 것은 아닌지 의심스러울 정도다. 하지만 그런 사람들을 통해 '성공의 비결은 초장기적인 비전과 작은 노력의 축적'임을 절실히 느낄 수 있었다. 노력이라 해도 누구나 할 수 있는 수준이 아니다. 심하게 말하면 길바닥에 압정이 깔려 있어도 망설임 없이 그 위를 계속 걸어갈 정도의 노력이다.

　　인간으로서의 도리는 여기서 굳이 언급하지 않겠다. 다만 시가 총액 10조 원, 나아가 아마존 정도의 초거대 기업을 만들어내려면 상식적인 인간성은 오히려 방해가 될 수 있다는 것이 진실일지도 모른다. 커다란 목표를 수립한 다음에는 매사 철저하게 꼼꼼한 부분까지 관여한다. 아마존 사내에서는 베조스가 한 말을 제프이즘Jeffisms이라고 부르는데 그만큼 베조스는 임직원 입장에서도 까다로운 존재다.

　　수십 년 동안 거대한 목표를 추구하면서 매사에 철저하기까지 하다니 분명 일반적인 사람은 아니다. 하지만 베조스는 그렇게 한다. 혁신가라고 불리는 오다 노부나가織田信長 혹은 스티브 잡스Steve Jobs와 같은 부류일 것이다. 마지막으로 베조스의 예전 직장 상사가 한 말을 인용한다.

　　"그는 '친절한' 타입은 아니었어요. 저는 그를 좋아했지만 그는 다정다감과는 거리가 먼 사람이에요. 비판하려는 의도는 절대 아닙니다. 뭐랄까, 화성인 같다는 느낌도 들었습니다. 물론 좋은 의미의 화성인이에요."

(리처드 브랜트,《원클릭》 중에서)

새로운 시공 가치의 탄생

하늘의 때를 시간 가치, 땅의 이로움을 공간 가치라고 했다. 이번 장에서는 시간 가치와 공간 가치를 결합한 시공 가치라는 개념을 살펴보자.

시간 가치는 '언제나'의 가치를 가져다준다. 공간 가치는 '어디서나' 라는 가치를 가져다준다. 둘을 결합시키면 언제 어디서나, 즉 지금 여기서, 바로 가능한 세계가 실현에 가까워진다.

이때 관건은 동기화라는 기술이다. 동기화는 원래 제조업에서 사용하는 개념이다. 예를 들어 제품 재고를 최대 6일까지만 보관해 최소화하는 도요타의 간반看板 방식은 동기화 덕분에 가능해졌고, 유니클로의 SPA 또는 세븐일레븐의 팀 MDTeam Merchandising[소매업이 주체가 되어 경쟁사를 포함해 도매업 및 기획사 등 다양한 분야의 기업이 서로 협력해 새로운 상품을 개발하는 방식] 방식도 동기화 덕분에 달성될 수 있었다.

가장 이해하기 쉬운 동기화 사례는 컨베이어벨트다. 컨베이어벨트가 돌고 있을 때 작업에 할당된 사람이 각자 자신의 속도대로 손을 움직인다고 치자. 공정 1을 맡은 사람이 10분에 작업을 소화할 수 있다 해도, 공정 2를 맡은 사람이 30분 걸려 작업한다면 병목 현상이 발생해 컨베이어벨트의 속도는 공정 2의 속도에 맞춰 지연될 수밖에 없다.

그러나 공정 2를 세 명이 분담하면 10분에 작업을 소화할 수 있어 컨베이어벨트 전체의 속도를 올릴 수 있다. 이것이 동기화라는 개념이다. 분담 이외에도 동기화 방식에는 작업 합리화, 공정 자체의 세분화 등 몇 가지 수단이 있다. 알기 쉬운 것은 공정 자체의 세분화다.

여기에도 다양한 기준이 있는데, 예를 들면 '대량 생산/월 단위 주기'를 '소량 생산/주 단위 주기'로 전환하는 것, 혹은 전사적으로 PDCA 주기를 월 단위에서 주 단위로 전환하는 것 등이다. 이렇게 하면 전체적인 리드 타임Lead Time[상품 생산 시작부터 완성까지 걸리는 시간]이 단축되고 재고를 비롯해 모든 낭비가 줄어들 것이다.

앞서 예로 든 아마존의 4대 핵심 가치 중에 최근 '탁월한 운영'이라는 말이 추가되었다. 이 말의 의미는 동기화 기술이 큰 부분을 차지한다.

시공 가치는 범위가 크게 확대될수록 커진다. 쉽게 말해 시공 가치는 회사가 얼마만큼 넓은 시야로 사안을 생각하는지, 얼마만큼 고속으로 PDCA를 회전시키고 있는지에 따라 달라진다. 즉 사고 범위와 행동 범위의 너비, 그 결과로 초래되는 영향 범위의 너비가 여기에 해당한다. '언제 어디서나'뿐만 아니라 '지금 여기서', '바로 가능한' 부분이 아마존이 지닌 시공 가치다. 현실 세계를 데이터화하고 데이터를 활용해 현실 세계를 더욱 살기 좋은 곳으로 만들겠다는 사이버 피지컬 시스템 CPS이라는 개념도 시공 가치를 만들어내려는 시도 중 하나다.

베조스의 시야는 지금까지 빠른 속도로 확장해왔다. 그는 1만 년 시계 제작을 추진 중인 '롱나우 재단Long Now Foundation'에 4,200만 달러의 거액을 기부해서 큰 화제가 된 적이 있다.

도표 13 천(시간 가치)＋지(공간 가치)＝시공 가치

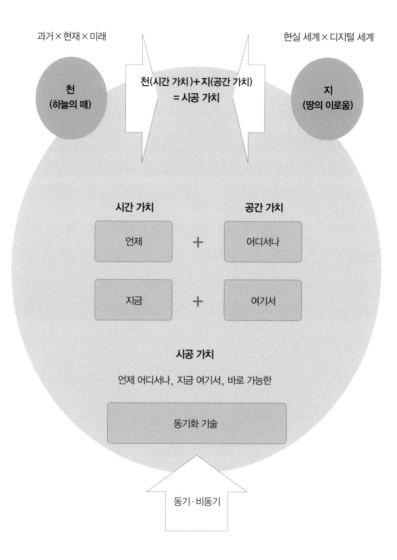

과거×현재×미래

현실 세계×디지털 세계

천
(하늘의 때)

천(시간 가치)＋지(공간 가치)
＝시공 가치

지
(땅의 이로움)

시간 가치

공간 가치

언제

＋

어디서나

지금

＋

여기서

시공 가치

언제 어디서나, 지금 여기서, 바로 가능한

동기화 기술

동기·비동기

1만 년 시계란 1만 년 동안 멈추지 않고 자동으로 작동하는 시계다. 1만 년 후의 아이들이 살아갈 미래를 위해 많은 사람에게 사회 공헌과 환경 보호에 대한 의식을 갖게 하려는 목적이다. 1만 년 후까지 내다보는 초장기적 관점을 위한 상징물로서 1만 년 시계를 건축하고 있는 것이다. 시계가 건설되는 장소는 미국 텍사스의 베조스 사유지이다.

시공 가치에 관해 한 가지 더 지적하고 싶은 사항은 서장과 이번 장에서 설명한 세그먼테이션, 즉 분할이라는 개념이다. 인터넷이란 본래 시간적·공간적 제약을 뛰어넘어 사람, 사물, 비사물 등을 연결할 수 있는 가능성을 내포한 것이다. 그런데 불특정 다수에게 업무를 분할하는 크라우드 소싱과 셰어링이 발달함에 따라 시공 가치가 창조될 가능성이 한층 더 높아졌다. 앞서 말했듯이 아마존은 빅데이터와 AI로 시장을 분할함으로써 1인 세그먼테이션보다 더 세분화한 0.1인 세그먼테이션을 현실화하고 있다.

마찬가지로 크라우드 소싱이 발전함에 따라 앞으로는 업무의 세그먼테이션, 시간의 세그먼테이션이 더욱 세분화된 0.1업무, 0.1시간 방식이 늘어날 것이다. 남는 시간이나 출퇴근 시간에 물건을 배달하는 방식이다. 이를 가능하게 하는 기술이 결국 사람과 일의 매칭을 가능하게 만드는 아마존의 0.1인 세그먼테이션이다.

시공 가치라는 축에서 아마존의 주요 전략을 정리해보면 다섯 가지가 있다. 즉, 요충으로서의 플랫폼(아마존 알렉사), 시공 접점으로서의 하드웨어(아마존 에코), 콘텐츠로서의 소프트웨어, 가치로서의 고객 경험, 그리고 데이터 자원이다.

[도표 14]는 스마트폰의 차기 플랫폼으로 주목받으며 2017년 말에 일본에서 출시된 아마존 에코를 분석한 내용이다.

일단 아마존 에코는 AI 스피커라는 하드웨어로 볼 수 있다. 아마존 에코는 모든 시공에 존재하는 고객과의 접점이 되면서 이미 1,000만 대 이상 판매되고 있다. 아마존 에코에 탑재된 음성인식 기술이 알렉사다. 알렉사는 서드파티 제품에 넣을 수 있게끔 개발 도구가 무료로 공개되어 있으며, 알렉사가 탑재된 가전은 이미 700가지가 넘는다. 알렉사는 플랫폼과 생태계 양쪽의 성격을 지니고 있다.

다음은 콘텐츠다. 아마존 에코에 명령(스킬)함으로써 사용할 수 있는 기능은 2만 5,000가지 이상이며 그중에는 스타벅스에 주문하기, 우버 호출하기 등이 포함되어 있다. 물론 데이터 자원은 빅데이터를 가리킨다. 아마존 에코는 당연히 이제까지 아마존이 축적해온 빅데이터의 활용 출구임과 동시에 음성 데이터를 축적하기 위한 채널이기도 하다.

모든 요소들이 최종적으로는 고객 가치, 즉 사용자 경험이라는 형태로 환원됨으로써 사용자와 서비스 제공 기업을 더 많이 불러들인다. 아마존의 생태계는 주기를 돌며 계속 확대되고 있다.

베조스는 열린 플랫폼이어야 한다는 점을 두 가지 의미에서 중요시한다. 첫 번째는 아마존 웹 서비스 사업에 단적으로 반영되어 있듯이, 플랫폼 측의 범용성과 유용성이 높은 기능을 외부에서 손쉽게 이용할 수 있는 구조를 조성하는 것이 아마존의 생명선이라는 점이다. 두 번째는 이미 지적했듯이 아마존 내부 지식을 플랫폼 형태로 외부에 공개함으로써 아마존 내부에 경쟁을 도입하는 혁신 기업의 딜레마 구조를

도표 14 스마트폰의 차기 플랫폼으로 주목받는 아마존 에코의 사례

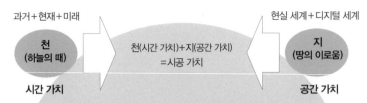

과거＋현재＋미래

천
(하늘의 때)

시간 가치

천(시간 가치)＋지(공간 가치)
＝시공 가치

현실 세계＋디지털 세계

지
(땅의 이로움)

공간 가치

벼랑 끝 시대에 땅의 이로움에는 다섯 가지 주요 전장이 있다.

스마트폰의 차기 플랫폼으로 주목받고 있는 아마존 에코.

시공자본주의의 제왕을 실현하기 위해서는 경쟁사 제조업체를 끌어들여 자사 기술을 통일 규격 수준으로 높이는 것, 소비자 및 이업종·다업종 서비스 제공 기업을 끌어들여 플랫폼을 창조하는 것이 필요.

이미 1,000만 대 이상 판매

**시공
접점으로서의
하드웨어**

아마존 에코

현실 세계

- 많은 사용자를 끌어들 임으로써 서비스를 제 공하는 많은 기업을 끌 어들일 수 있다.
- 기업이 매력적인 서비 스를 해당 플랫폼에 제 공하게 됨으로써 사용 자의 경험 가치 또한 높아진다.
- 사용자의 경험 가치와 서비스 제공 기업은 불 가분의 관계이다.

스타벅스와
우버 등
2만 5,000
가지 이상의
기능 전개

이미 700가지
이상의 가전
전개

고객 경험에
대한 집착

**콘텐츠로서의
소프트웨어**

**요충으로서의
플랫폼**

**가치로서의
고객 경험**

스킬

아마존
알렉사

디지털 세계

- 아마존 에코는 음악을 감상하고, 뉴스를 듣고, 상품을 주문하고, 스타 벅스와 우버 등 이업종 서비스 제공을 수용할 수 있는 플랫폼이다.
- 아마존 비즈니스 모델 안에는 전자상거래, 클라우드 컴퓨팅, 음 성인식 시스템, AI, 물 류 노하우 등 이제까지 아마존이 축적한 지식 이 결집되어 있다.

시공자본주의에서의 다섯 가지 주요 전장

**권익으로서의
데이터 자원**

기존의 인터넷 데이터에 음성 데이터가 추가

체질화했다는 점이다. 제7장에서 설명하겠지만 아마존은 수많은 플랫폼을 다양한 사업 영역에서 구축해왔다. 따라서 아마존의 플랫폼은 이제 인프라라고 불러야 타당할 것이다.

[도표 14]에서는 시공 가치를 일반적으로 설명하기 위해 아마존 에코를 시공 접점으로서의 하드웨어, 아마존 알렉사를 요충으로서의 플랫폼이라고 규정했다. 다만 실제로 아마존 에코는 플랫폼, 아마존 알렉사는 생태계라는 성격을 갖고 있다. 시간적·공간적 제약을 뛰어넘어 인력, 물자, 자금 등을 연결하는 생태계가 바로 아마존 알렉사 경제권이다.

제1장에서 마지막으로 강조할 내용이 있다. 베조스는 초장기적 관점을 아마존의 중요한 가치관 중 하나로 내걸고 초장기적 관점에서 목표를 설정해 비즈니스를 설계한다. 동시에 목표로부터 역계산해 지금 여기서 해야 할 일을 명확히 규정하고 초고속으로 PDCA를 회전시키고 있다. 100년 단위로 하루를 다시 보는 초장기+초단기의 조합을 사업화하고 있는 기업이 바로 아마존이다.

5요소 분석법의 본질
- 시점, 시야, 시좌의 프레임워크

이 책에서 사용하는 5요소 분석법의 본질은 시점, 시야, 시좌를 종합한 전략 분석 프레임워크며 각각을 크게 확대해 자신이 속한 조직의 대전략을 결정하기 위한 프레임워크라는 데 있다.

시점이란 어디에 포인트를 두고 문제를 봐야 하는지를 뜻한다. 예를 들면 인력, 물자, 자금 혹은 재무, 고객, 업무 프로세스, 학습, 성장 등이 있다. 시야에는 시간적 시야와 공간적 시야가 있으며 5요소 분석법 중 '천'과 '지'에 대응하는 부분이다. 시간적 시야는 과거·현재·미래, 미래의 경우 오늘, 이번 주, 이번 달, 올해, 10년 후 등이고, 공간적 시야는 자사, 경쟁사, 업계, 산업 클러스터, 사회, 국가, 세계 등이 있다. 시좌란 문제를 보는 자세, 입장, 인식 구조를 뜻하며 구체적으로는 인생관, 인간관, 세계관, 역사관, 종교관 등이 영향을 미친다.

5요소 분석법은 문제의식과 위기감 고양에 공헌하는 인재 육성 프레임워크이기도 하다.

아마존은 왜
오프라인으로 진출하는가

amazon

전 세계가 아마존의
영향력에 휘청이다

2016년 말 아마존은 무인 편의점 아마존 고의 사업 전개를 발표하고, 2017년에는 고급 슈퍼마켓 체인 홀푸드를 137억 달러에 인수했다. 과거 아마존이 오프라인 점포를 낸 사례는 미국 시애틀과 뉴욕 등지의 오프라인 서점 혹은 킨들과 같은 전자기기를 구비한 시범 매장 정도였는데, 최근 들어 오프라인으로 진출을 본격화하고 있다.

지금까지 베조스는 명백한 경쟁 우위가 없는 이상 오프라인 점포 같은 현실 세계로 본격적인 진출은 하지 않겠다고 분명하게 밝혀왔다.

그렇다면 어째서 현 시점에 오프라인 진출을 단행했을까? 제2장 내용은 이런 문제의식에서 출발한다. 아마존이 그저 전자상거래와 오프라인 점포의 융합과 같은 케케묵은 전략을 들고 나왔을 리 없다. 베조스의 진의는 어디에 있는 것일까?

사전 학습 차원에서 우선 아마존의 사업 구조를 정리해보자. 창업 당시 베조스는 일단 온라인에서 판매할 수 있을 만한 물건 리스트를 작성했다. 그리고 그의 특기인 미래 지향성을 발휘해 구상을 현실로 그려낸 결과 책을 선택했다. 인터넷 쇼핑이 자리 잡지 않은 당시 식품이나 생활 용품과는 달리, 어느 가게에서 사든 완전히 똑같은 책은 고객이 안심하고 주문할 수 있는 상품이라고 생각했기 때문이다. 출판계의 대형 도매업체에 주문하면 어떤 책이든 바로 받아볼 수 있어서 대량 재고를 보관하기 위한 거대 창고 역시 적어도 초기에는 불필요했다. 인터넷 판매 시장에서 최초로 정착할 상품은 책이라는 확신을 갖고, 이를 실현하기 위해 필요한 시스템을 현실로 그려낸 것이 아마존이 성공한 계기가 되었다.

결과적으로 오늘날 아마존 하면 세계 제일의 서점으로 인지된다. 하지만 이것이 '아마존은 무슨 회사인가?'라는 물음에 충분한 대답이라고는 할 수 없다. 왜냐하면 아마존은 이제 모든 것을 파는 에브리싱 스토어로 성장했고, 나아가 스토어라는 울타리를 넘어 모든 사업을 전개하는 에브리싱 컴퍼니로서 지위를 구축하고 있기 때문이다. 아마존의 기세는 미국에서 '아마존 당하다To be amazoned'라는 말까지 만들어낼 정도다. 아마존에 고객과 이익을 송두리째 빼앗긴다는 기존 기업의 공포가 그대로 전해지는 표현이다.

서장에서 자세히 설명했듯이 최근에는 아마존 효과라는 말이 주목받고 있다. 더 중요한 대목은 이런 표현들을 정의하는 아마존의 영향력 자체가 나날이 진화해 위협을 증가시키고 있다는 점이다.

물론 아마존이 소매 기업(전자상거래 기업)인 것은 사실이다. 책을 비롯해 잡화, 가전, 디지털 콘텐츠를 판매하기 때문이다. 물론 요즘에는 의류, 패션, 신선식품과 프라임 비디오에 주력하고 있다.

동시에 아마존은 마켓플레이스 판매자를 대상으로 FBA Fulfillment by Amazon라는 물류 서비스를 제공하는 물류 기업의 면모도 갖추고 있다.

이야기를 진행하기에 앞서 FBA에 관해 살펴보자. 아마존 사이트에 가보면 어떤 상품은 판매처와 발송처가 나뉘어 기재되어 있다. 판매처란에 아마존 이외의 회사가 기재되어 있다면 이른바 셀러 Seller가 파는 상품이다. 아마존은 자사 이외에도 판매자의 상품 판매를 허용하고 있다.

한편 어떤 상품은 발송처란에 아마존이라고 기재되어 있다. 아마존이 셀러를 대신해 재고 보관부터 수주 처리, 발주 업무까지 대행하고 있다는 점을 의미하는데 이것이 바로 FBA 서비스다. 구입자는 다른 주문과 똑같이 아마존 고객 서비스를 이용할 수 있으며, 입점업체는 당일 특급편, 특급편, 아마존 프라임, 전 상품 통상 배송 무료 서비스를 포함해 아마존닷컴과 동일한 배송 서비스를 구입자에게 제공할 수 있다.

아마존은 테크놀로지 기업이기도 하다. 클라우드 컴퓨팅 업계에서 이미 최강의 시스템 회사로 입지를 확립하고 있다는 점은 제1장에서 설명한 대로다. 인터넷 세계에서 얻은 땅의 이로움을 활용해 아마존은 현실 세계에서도 땅의 이로움을 얻고 있다. 아마존 에코, 무인 편의점 아마존 고, 홀푸드 인수가 2017년 시점의 최신 관련 사례라 할 수 있다.

아마존 고와 스마트 세계

어째서 아마존은 오프라인으로 진출하는 것일까? 여기서는 아마존 고를 전개하는 이유와 홀푸드를 인수한 이유를 개별 사례로 살펴보자.

우선 아마존 고를 전개하는 이유 중 하나는 아마존이 이제까지 쌓아온 테크놀로지와 지식을 집대성할 수 있는 수단으로 무인 편의점에 기대를 걸고 있기 때문이다. 무인 편의점에서 사용되는 시스템 자체를 소매·유통 분야의 생태계로 활용할 목적이다.

물론 앞으로 다가올 스마트 세계 전개에 대한 준비라는 노림수도 있다. 뒤에서 다루겠지만 스마트 홈을 담당하는 것이 아마존 에코와 알렉사이며, 스마트 숍을 담당하는 것이 아마존 고에 해당한다. 이렇게 배양한 지식은 앞으로 찾아올 스마트 오피스와 스마트 시티 시대에 응용할 수 있다.

그렇다면 슈퍼마켓 체인인 홀푸드를 인수한 이유는 무엇일까? 가장 큰 이유는 구매 빈도가 높은 신선식품에 진출하려는 목적이다. 전자상거래 사이트 입장에서 구매 빈도는 매출 방정식에서 빠뜨릴 수 없는 중요 인자다. 신선식품은 오프라인 점포에서 구매 빈도가 가장 높은 분야인 반면, 인터넷 판매가 아직 확립되어 있지 않은 분야, 혹은 최후의 분야라고 볼 수 있다. 아마존은 호시탐탐 신선식품 시장을 노리고 있었다.

홀푸드를 인수함으로써 향후 아마존은 사이트에서 신선한 유기농

식재료를 본격적으로 취급할 것이다. 기존에도 아마존은 아마존 프레시Amazon Fresh라는 프라임 회원용 신선식품 배송 서비스를 전개하고 있었다. 다만 소비자가 신선식품을 온라인에서 구입하는 습관이 아직 자리 잡고 있지 않은 데다 서비스 지역도 제한되어 있었기 때문에 성장세가 주춤한 상태였다.

그러나 홀푸드 인수와 함께 수백여 곳이나 되는 홀푸드의 점포망이 즉시 아마존 프레시의 거점으로 탈바꿈했다. 장차 신선식품의 재고나 배달 서비스 등 공급망과 관련된 여러 문제를 해결할 물류 거점 및 창고로 활용할 수 있을 것이다.

홀푸드 인수의 진정한 의미

소비자가 인터넷에서 주문한 상품을 수령하는 장소로 홀푸드 점포를 활용하겠다는 방안이 이미 발표되었다. 즉 앞으로 쇼핑객은 온라인에서 미리 주문을 해두면 점포를 돌아다니며 상품을 찾거나 자택에 배송되기까지 기다릴 필요 없이, 점포에서 즉시 상품을 수령할 수 있다.

아마존은 궁극적으로 식료품의 당일 배송을 표준으로 삼고 싶을 것이다. 따라서 홀푸드 점포를 프라임 나우Prime Now 및 아마존 프레시 전용 주문 이행 센터Fulfilment Center, FC[국내 매체에서는 배송 센터, 배송 거점, 물류 거점 등으로 옮기는데 여기서는 주문 이행 센터로 표기한다. 이는 아마존이 특별한 의미를 부여한 말로, 단순한 배송 센터와는 의미가 조금 다르다]로 기능할 수 있도록 만들 것이라고 생각된다.

홀푸드 인수를 계기로 고객의 위치 정보를 취득할 수 있는 새로운 앱이 도입될 것으로 예상된다. 아마존은 이제까지 다양한 빅데이터를 축적해왔는데, 유일하게 애플이나 구글처럼 실시간으로 포괄적인 위치 정보를 수집하는 단계까지는 이르지 못했다. 그러나 홀푸드 인수 또는 아마존 에코 도입에 맞춰 앱을 배포하면 위치 정보 수집이 가능해진다. 아마존은 어떤 식으로든 이유를 붙여 반드시 새로운 앱을 배포할 것이다. 위치 정보 수집이 필요한 이유는 우주 사업이 본격화하는 가운데 공간 정보와 위치 정보에 대한 중요성이 커지고 있기 때문이다. 우주 사업에 관한 자세한 내용은 제4장에서 설명한다.

물론 홀푸드의 상품 정보와 고객 정보도 상당히 강력한 빅데이터다. 아마존은 빅데이터로 회원이 현실 세계에서 무엇을 하고 있는지를 파악할 수 있다. 고객층별로 타깃화한 자체 브랜드 개발은 물론 소비자의 요구사항에 맞춰 새로운 사업을 설계하기도 쉬워질 것이다.

일본의 슈퍼마켓 중에는 같은 유통 브랜드가 여러 사업을 전개하는 사례가 있다. 홀푸드에는 365 바이 홀푸드 마켓365 by Whole Foods Market이라는 소규모 점포가 있고, 아마존 프레시에는 수취 전용 드라이브스루 매장 아마존 프레시 픽업Amazon Fresh Pickup이 있다. 아마존이 홀푸드를 인수함에 따라 이처럼 새로운 형태의 점포가 본격적으로 전개될 것으로 예상된다. 새로운 점포로 예상되는 형태 중 하나가 서장에서 2022년 11월의 가까운 미래 예상도로 소개했던 아마존365라는 오프라인 점포다.

두말할 것도 없이 홀푸드 점포에 아마존 고의 테크놀로지를 도입할 것으로 예상된다. 특히 소규모 점포인 365 바이 홀푸드 마켓을 무인 점포화하는 구상은 조만간 실현될 것이다. 인건비 절감과 물류, 재고 관리 등 비용 절감이 가능해지고, 확보한 비용을 소비자에 대한 환원으로 이어갈 것으로 예상된다.

실제로 홀푸드가 아마존 산하로 편입된 이후의 움직임을 간단히 정리해보자. 아마존은 홀푸드를 산하 기업으로 편입한 당일에 가격을 최대 43퍼센트까지 내렸다. 스마트 스피커인 아마존 에코도 홀푸드에서 판매되었다. 홀푸드 점포에는 홀푸드와 아마존 로고가 들어간 간판이 여기저기 내걸렸다. 프라임 나우 홈페이지 메인 화면에는 홀푸드 배너가 달렸고, 홀푸드 점포의 PB 상품을 아마존 프라임에서 구입할 수 있게 했다. 아마존은 2018년부터 홀푸드 점포 운영 및 홍보, 판매 기법을 쇄신하겠다는 방침을 밝혔다. 450여 곳인 점포를 2,000곳까지 늘릴 계획 중이라는 보도도 나왔다.

아마존이 홀푸드를 인수함으로써 소비자 입장에서는 편의성이 더욱 높아진 반면, 경쟁사 입장에서는 아마존에 느끼는 위협이 한층 강화되었다는 것이 대체적인 평가다.

플랫폼으로서의 아마존 에코

이번에는 스마트 홈 플랫폼으로서의 아마존 에코와, 생활 서비스 생태계로서의 아마존 알렉사라는 아마존 전체의 사업 구조에 관해 설명한다([도표 15 참조]).

아마존은 알렉사를 서드파티(알렉사라는 플랫폼을 이용하는 아마존 이외의 플레이어)에 공개함으로써 생활 서비스 전반에 걸친 생태계를 형성하려고 한다.

결과적으로 알렉사는 아마존 에코뿐만 아니라 다양한 가전제품에 탑재될 수 있었다. 2017년 초에 열린 미국 캘리포니아의 가전 박람회에서는 700가지가 넘는 알렉사 탑재 사물인터넷 제품이 출품되었다. 가전뿐만 아니라 이미 자동차, 보안 등 온갖 장소에 알렉사가 들어가 있다.

아마존 에코는 알렉사를 탑재한 AI 스피커다. 하지만 단순한 가전이 아닌 스마트 홈 플랫폼으로서 자리매김한 상태다. 쉽게 말하자면 말을 걸기만 해도 음악을 재생하고, 뉴스나 스포츠 결과, 일기 예보 등의 정보를 음성으로 제공하는 디바이스다. 더불어 아마존에서 주문하거나, 가전을 조작하거나, 피자를 시키거나, 우버를 호출하거나, 식당을 예약하는 등 2만 5,000가지 이상의 명령(스킬)에 응답한다.

앞서 생태계와 플랫폼이라는 비슷한 용어가 나왔으니 차이점을 간단하게 살펴보자.

생태계란 플랫폼을 토대로 하는 비즈니스상의 산업 구조를 나타내는 말이다. 아마존의 비즈니스에서는 아마존 에코가 플랫폼이 되고, 아마존 알렉사가 다양한 상품·서비스·콘텐츠를 외부에서 들여와 광범위한 생태계를 형성하고 있다. 이미 스마트 홈 영역부터 아마존 웹 서비스가 장악하고 있는 광범위한 법인 고객망, 나아가 자율주행 자동차

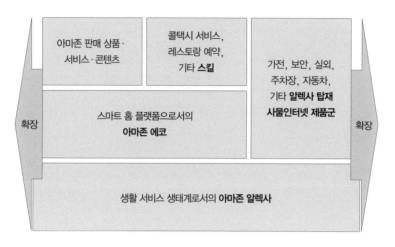

도표 15 생태계인 아마존 알렉사와 플랫폼인 아마존 에코

| 아마존 판매 상품·서비스·콘텐츠 | 콜택시 서비스, 레스토랑 예약, 기타 **스킬** | 가전, 보안, 실외, 주차장, 자동차, 기타 **알렉사 탑재 사물인터넷 제품군** |

확장

스마트 홈 플랫폼으로서의 **아마존 에코**

확장

생활 서비스 생태계로서의 **아마존 알렉사**

영역에 이르기까지 아마존 알렉사 경제권이라고 할 수 있는 산업 구조를 형성했다. 상품이나 서비스, 콘텐츠를 제공하는 많은 기업과 아마존 사이에는 견고한 협력 관계와 상호 의존 관계가 구축되어 상승적·자율적·연쇄적으로 확대하는 관계가 있는데 이것이 바로 생태계다.

어째서 아마존은 생태계와 플랫폼을 지향하는 것일까? 정답은 명쾌하다. 여러 파트너사와 네트워크를 구축함으로써 타사를 압도하는 서비스 품질을 실현할 수 있다는 점, 고객 수에 비례해 방대한 양의 정보(빅데이터)를 얻을 수 있다는 점, 여러 가지 서비스를 한곳에서 제공하기 위해 기존의 자원을 활용할 수 있다는 점 때문이다. 즉 시너지를 기대할 수 있다는 뜻이다. 생태계와 플랫폼의 참여자가 늘어나면 늘어날수록 시너지 효과는 높아지고 참여자가 누리는 혜택은 커진다.

아마존 에코의 사용자 경험이
가져온 충격

스마트 홈 플랫폼으로서의 아마존 에코와 생활 서비스 생태계로서의 아마존 알렉사에 관해 각각 자세히 살펴보자.

아마존 에코는 2015년 미국에서 처음 출시되었다. 가격은 약 180달러로 이미 1,000만 대가 출고되었으며, 한때 생산이 수요를 쫓아가지 못한 적이 있었을 만큼 빠르게 보급된 상태다. 지름 8.4센티미터, 높이 23.5센티미터로 언뜻 보면 단순한 원통형 스피커 같지만, 실체는 스피커 기능이 탑재된 AI 비서다.

'오늘 날씨는 어때?', '비틀즈에 관해서 알려줘', '스타벅스에서 커피를 주문해줘', '뉴스를 읽어줘' 등 그냥 말을 걸기만 해도 음성을 인식해 다양한 일을 실행해준다. 에코를 가지고 조작할 수 있는 사물인터넷 가전은 TV, 조명, 에어컨, 화장실 등 다방면에 걸쳐 있다.

그뿐만이 아니다. 스킬이라는 기능으로 외부 서비스와 연동해 은행 잔고를 확인하거나, 피자를 주문하거나, 우버를 호출하는 등의 서비스도 이용할 수 있다. 스킬을 추가함으로써 마치 스마트폰 앱처럼 기능을 확장시킬 수 있는 것이다.

아마존 알렉사는 아마존 에코에 탑재된 음성인식 기술이다. 베조스는 에코가 알렉사 탑재 상품 제1탄에 불과하다고 분명하게 밝힌 바 있다. 알렉사는 소스코드가 공개되어 있기 때문에 이미 많은 기업이 알렉사가 탑재된 가전과 자동차, 서비스를 개발하고 있으며 현재 사용되고 있는 제품만도 700가지가 넘는다. 아마존 에코를 중심으로 다양한 기업의 상품과 서비스를 연동할 수 있다. 이것이 아마존 에코가 생활 서비스 플랫폼인 이유다.

제4차 산업혁명 대국인 독일에서는 경쟁사 제조업체끼리 손을 잡고 있는 반면, 사물인터넷 대국인 미국에서는 제조업체와 인터넷 기업이 손을 잡고 있다. 두 나라의 차이에는 주목할 가치가 있다. 미국을 대표하는 제조업체이자 산업 사물인터넷의 대명사인 제너럴 일렉트릭GE에서는 제네바Geneva라는 알렉사 시스템을 탑재한 수많은 사물인터넷 가전을 이미 상품화했다. GE의 웹사이트에는 알렉사와의 제휴를 강조하면서 커피 메이커와 오븐 등 다양한 상품이 소개되어 있다. 아마존 에코와 알렉사는 사물인터넷 플랫폼으로서 이미 경쟁사보다 한발 앞선 지위를 확립하고 있다.

아마존은 이러한 플랫폼 구축과 생태계 확대를 더욱 진전시키기 위한 알렉사 펀드를 조성해 스마트 홈 관련 벤처 기업에 투자하고 있다.

아마존 에코가 AI 비서와 음성인식 단말기라는 특징뿐이었다면 그다지 신선한 존재는 아니었을 것이다. 에코의 진짜 놀라운 점은 사용자 경험이다. 그냥 말을 걸기만 해도 조작이 완료되고 질문에 대답하기 때문이다.

물론 기존의 스마트폰에도 음성인식 기술은 탑재되어왔다. 하지만 에코는 터치 조작조차 필요없는 수준까지 진화했다. 편리한 사용성

덕분에 더 이상 떼어놓을 수 없다는 의견이 많고, 거실, 주방, 침실 등한 집에서만 여러 대를 두고 쓰는 사용자가 있을 정도다. 에코는 아마존이 무엇보다 중요시하는 사용자 경험 측면에서 하나의 도달점인 것처럼 생각된다.

스마트폰 제조업체는 스마트폰을 가지고 에코 같은 역할을 하는 스마트 홈 플랫폼으로 만들고 싶었을 것이다. 그러나 집에서 쉬는 동안 굳이 스마트폰을 들고 다니지 않고 단지 말을 걸기만 해도 모든 것이 해결되는 것 이상의 사용자 경험이 존재할까?(과학 기술이 더욱 진화한다면 생각하고 원하기만 해도 모든 것이 해결되는 세계가 실현될지도 모르겠지만). 이것이 바로 아마존 에코가 가져다준 최대의 가치다.

아마존 에코가 폭발적인 인기를 떨치는 이유는 그냥 말을 걸기만 해도 모든 것이 해결되는 사용자 경험이 높게 평가받았기 때문이다. 스마트폰 앞에 얼굴을 비추는 수고를 들일 필요 없이 앉은 자리에서 말을 걸면 질문에 대답하고 음악을 틀어준다. 아마존에서 쇼핑을 할 수 있고 사물인터넷 가전의 전원을 켜준다. 앞으로 차세대 스마트 홈은 아마존 에코를 기점으로 구축될 것이다.

여기서 간과해서 안 될 것은 에코를 비롯해 알렉사가 탑재된 모든 사물인터넷 제품은 빅데이터를 수집하는 채널이라는 점이다. 알렉사로 수집한 사용자의 음성 데이터와 생활 밀착형 데이터는 사용자 경험을 한층 더 향상하는 데 환원된다.

무인 편의점은 소매 업계를
어떻게 바꿀 것인가

아마존 고의 슬로건은 '노 라인, 노 체크 아웃No Lines, No Checkout', 즉 대기 줄과 계산대가 없다는 뜻이다. 무인 편의점 점포 아마존 고의 발표는 2016년 당시 최대의 화제였다.

현재 미국 시애틀에 위치한 아마존 본사에는 아마존 임직원이 이용할 수 있는 점포가 시범 운영되고 있다. 쇼핑객은 자동 개찰기처럼 생긴 게이트에 스마트폰을 갖다 대고 아마존 ID를 인증시켜 입장한다. 그런 다음 진열대에서 상품을 골라 담고 그대로 매장을 나오면 끝이다. 즉 계산대를 거칠 필요 없이 매장을 나서면 자동으로 결제되어 스마트폰에 영수증이 전송되는 방식이다.

아마존 고의 기술적인 구조에 관한 상세한 내용은 아직 알려져 있지 않지만, 이제까지 아마존이 축적해온 방대한 지식이 응축되어 있다는 점은 분명하다.

예를 들면 클라우드 컴퓨팅, 물류, 음성 인식 그리고 얼굴 인식이다. 아마존 고의 웹사이트에는 컴퓨터 비전Computer Vision, 센서 퓨전Sensor Fusion, 딥 러닝Deep Learning과 같은 기술을 이용했다고 적혀 있다. 컴퓨터 비전은 매장 카메라로 고객의 얼굴 등을 인식하고 거기서 무엇을 하고 있는지를 관찰한다. 센서 퓨전은 고객이 어떤 상품을 집어 들었는지를 인식하는 데 사용된다. 딥 러닝은 AI가 고객의 행동을 심층 학습하고 고속으로 PDCA를 회전시켜 고객의 경험 가치를 더욱 높여간다.

아마존은 이 기술들을 묶어 '저스트 워크 아웃Just Walk Out(그냥 걸어 나가세요)' 테크놀로지라고 부른다.

계산대가 필요 없는 사용자 경험이 얼마나 대단한지는 상상하기 어렵지 않다. 쇼핑 중인 고객이 번거로운 조작을 요구받는 경우는 없다. 기존 무인 계산대는 스마트폰을 상품에 대고 바코드를 읽어 들이는 전용 장바구니를 사용해 상품의 RFID(바코드 등에 사용되는 RF 태그를 읽고 쓰는 시스템)를 인식하는 방식이었다. 하지만 아마존 고에서는 계산대에서 상품의 무게를 느낄 수고조차 필요 없어지는 셈이다.

물론 완전한 무인화는 아니다. 상품 진열과 고객 지원 업무는 여전히 사람이 해야 하지만, 그 밖의 운영은 전부 테크놀로지가 해결하고 있다. 테크놀로지를 도입한 시스템으로 점원의 작업 시간과 고객의 쇼핑 시간을 단축할 수 있기 때문에 계산대 앞에서 줄 설 필요가 없다. 점포는 일반적인 소매점과 차이가 없는 자연스러운 디자인이다. 매장에서 고객은 스트레스를 느낄 일이 없다. 이제까지 아마존이 디지털 세계에서 추구해왔던 사용자 경험은 현실 세계에서 유감없이 발휘되고 있다.

앞서 말했듯이 아마존 고는 아직 시범 운용에 그치고 있지만 소매 업계에 엄청난 충격을 가져다줄 것임은 분명하다. 아마 향후 2~3년 이내로 아마존 고와 경쟁하게 될 다른 소매업체는 AI화를 검토할 수밖에 없을 것이다.

아마존 고가 내포한 잠재력은 소매 업계 전체를 바꿀 만하다. 우선 원하는 상품을 손에 들고 그대로 매장을 나서면 되는 뛰어난 사용자 경험이다. 매장 측이 누리는 장점도 크다. 점포 운영에 투입해야 하는 필수 인원수가 줄어들어 인건비 절감으로 이어지기 때문이다.

출점 전략 역시 근본적으로 바뀔 것이다. 매장이 고객의 스마트폰이나 태블릿 PC와 이어져 있으니 고객은 길을 헤매지 않고 점포까지 찾아올 수 있다. 따라서 통행량이 많은 도로변에 출점해야 한다는 입지 조건을 고려할 필요가 없다. 먼 미래에는 재고 관리와 상품 보충까지 AI화될 것이며 곧이어 공급망과 가치망의 AI화라는 개념도 반드시 생겨날 것이다.

제4장에서 설명하겠지만 베조스 제국에서 추진하고 있는 우주 사업과 드론 사업의 본질은 무인 시스템이라는 점이다. 무인 편의점 점포인 아마존 고 역시 무인 시스템이다. 음성인식 AI인 아마존 알렉사가 이미 자동차 제조업체의 스마트 카에 탑재되기 시작했다는 점을 감안한다면, 사실 베조스는 완전 자율주행 자동차 분야의 패권 장악까지 계획하고 물밑 준비를 진행하고 있을지도 모른다. 완전 자율주행의 실험장이 아마존 고라면 그야말로 경이로운 일이다.

베조스가 만들어내는
새로운 소매업

당초 아마존은 2017년 초에 일반인을 대상으로 아마존 고를 전개하겠다고 발표했다. 하지만 기술적인 문제에 직면했다는 이유로 계획이 늦어지고 있다. 만족할 만한 사용자 경험을 제공할 수 있는 수준의 다점포 전개를 단행하기에는 아직 시간이 필요해 보인다. 다만 베조스의 의도가 아마존 고의 점포 확대만은 아니라는 점이다. 오히려 베조스는 아마존으로 소매 업계의 새로운 생태계 구축을 꾀하고 있는 것이다.

아마존 고 이후 소매업의 AI화가 진행되고 있으며, 오프라인 점포에서 전자상거래 사이트와 똑같은 사용자 경험을 제공할 수 있다는 점은 확실하다.

사실 지금까지 오프라인 점포는 사용자 경험 면에서 전자상거래 사이트에 비해 크게 뒤처져 있었다. 지금은 누구나 스마트폰을 가지고 있고 바로 원하는 물건을 살 수 있는 시대다. 인터넷 쇼핑에서는 당연한 일이기 때문에, 오프라인 점포에서 겪는 줄서기나 제품 품절이 꽤나 번거롭게 느껴진다.

따라서 향후 오프라인 점포의 과제는 뒤처져 있던 사용자 경험에 대한 대응이며 AI화는 이를 위한 돌파구가 될 것이다. 전자상거래 사이트와 마찬가지로 오프라인 점포에서 빅데이터를 취득하기 시작했다는 점은 이제 확실하다. 예를 들면 점포에 설치된 카메라 영상에서 방문자 수나 성별, 연령층을 해석하고 날씨 등 외부 데이터와 조합시켜 실시간으로 분석해 시각화하는 것이다. 이를 이미 실행에 옮기고 있는 소매업이 등장했다.

인터넷 업계에서는 꼭 아마존이 아니더라도 몇 명의 손님이 사이트를 방문했고, 그중 몇 명이 버튼을 클릭했으며, 몇 명이 실제로 구입했는지를 분석해 디자인과 상품 배치를 수시로 바꾸는 PDCA 주기를 고속 회전시키는 것을 당연시한다. 이는 오프라인 점포에서 전혀 손을 대지 않았던 영역이다. 그러나 오프라인 점포가 마침내 AI화한다면 이제까지 인터넷상에서 추적하지 못했던 고객의 동향이 가시화하면서 인터넷과 마찬가지로 고속·단기로 PDCA를 회전시킬 수 있다.

이렇게 섬세한 사용자 경험을 추구한다는 면에서 아마존은 다른 오프라인 점포의 추종을 불허한다. 따라서 소매업의 스마트화를 견인하는 기업은 아마존이 될 것이다. 아마존은 이미 알렉사와 에코를 내세우며 스마트 홈 구현에 나섰다. 아마존 고는 이를테면 스마트 숍을 구현한 것이다. 아마존 고가 가져다준 충격을 감안한다면 아마존은 소매업계 전체의 스마트화 견인, 즉 스마트 유통까지 시야에 넣고 있다고 봐야 한다.

아마존 사이트에서 보이는 사용자 경험

아마존의 미션과 비전인 '지구상에서 가장 고객 중심적인 회사'라는 말이 사용자 경험과 밀접한 관계에 있다는 점은 이제 이해했을 것이다.

아마존은 빅데이터와 AI로 사용자 경험을 향상시키려 한다. 아마존 원사이트를 들어가보면 충실한 사용자 경험에 대단하다는 감탄이 절로 나오는 수준이다([도표 16] 참조).

우선 사이트 자체를 찾기 쉽다. 아마존에 직접 접속하지 않아도 조

찾기 쉽다	보기 쉽다	알기 쉽다	검색하기 쉽다	고르기 쉽다	구입하기 쉽다	받아보기 쉽다	사용하기 쉽다	계속하기 쉽다	추천하기 쉽다

빠르다

센스 있다

납득할 수 있다

호감이 간다

신뢰할 수 있다

만족할 수 있다

가치가 있다

고객의 경험 가치 구성 요소

금만 검색하면 아마존 상품 페이지가 뜬다. 다른 사이트에 노출된 제휴 광고의 링크를 타고 들어올 수도 있다. 아마존을 찾아오지 못하는 일은 거의 불가능하다 해도 좋다.

아마존 사이트의 디자인은 보기 쉽게 구성되어 있다. 어디에 무엇이 있는지 알기 쉽고 검색하기 쉽다. 결정적인 특징은 구입하기 쉽다는 데 있다. 원클릭으로 구입할 수 있게 만든 것은 사용자의 편의성과 매출 향상 면에서 획기적이다. 상품 구매에 이르는 모든 과정에 스트레스가 없다.

결과적으로 빠르고, 센스 있고, 호감이 가고, 신뢰할 수 있는 사용자 경험을 만들어낸다.

요즘에는 납득할 수 있는 가치도 중요하다. 사실 아마존과 사용자의 관계는, 아마존이 온갖 국면에서 고객 정보를 요구하고 사용자는 정보 제공에 대한 보상으로 서비스를 누리는 형태다. 앞으로 아마존은 고객의 위치 정보를 파악할 수 있는 앱을 배포하는 등 고객 정보를 보다 충실화하려 할 것이다. 그때 아마존이 단순히 데이터를 요구하기만 해서는 고객의 반발을 사겠지만, 정보 제공에 대한 보상으로 한층 더 높은 편의성을 제공해준다면 고객도 납득할 것이다. 고객과의 원만한 관계 조성은 아마존의 주특기다.

아마존은 이처럼 세심한 부분까지 구상하고 있다. 더구나 아마존은 인터넷뿐만 아니라 오프라인 점포에도 자신들의 구상을 실행에 옮기려 하고 있기 때문에 다른 경쟁사는 전전긍긍하고 있을 것이다.

왜 인터넷에서 오프라인으로 진출하면 성공 가능성이 높은가

고객 중심주의 시점에서 한 가지 더 다루고 싶은 내용은 4P와 4C다([도표 17] 참조).

4P란 제품, 가격, 유통, 판촉을 말한다. 유명한 프레임워크지만 상품과 서비스를 제공하는 기업의 관점에 그치고 있다. 아마존은 여기에 4C를 추가했다고 볼 수 있다. 참고로 4C란 고객 가치, 비용, 편의성, 커뮤니케이션이다.

그렇다면 4P에 4C를 추가한다는 것은 어떤 의미일까? 대략 다음과

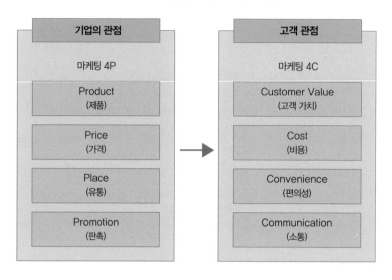

도표 17 고객 중심주의로서의 4P와 4C

기업의 관점	고객 관점
마케팅 4P	마케팅 4C
Product (제품)	Customer Value (고객 가치)
Price (가격)	Cost (비용)
Place (유통)	Convenience (편의성)
Promotion (판촉)	Communication (소통)

같은 느낌이다. 제품에는 고객 가치를 추가한다. 아마존이 제공하는 고객 가치란 단순히 상품과 서비스의 제공을 의미하는 것이 아니다. 고객이 가진 더 고차원적인 요구사항을 정확히 파악하는 것이며, 대개 요구사항이 표면화하기 전 잠재 욕구까지 경청하는 고객의 경험 가치 전체를 포함한다.

가격에는 비용을 추가한다. 아마존이 제공하는 상품·서비스 가격의 의미는 단순히 구입 시점에 고객이 지불하는 가격뿐만이 아니다. 유지 보수 비용을 포함해 고객이 생애에 걸쳐 지불하는 비용 전체를 가리킨다.

유통에는 편의성을 추가한다. 아마존이 제공하는 유통 전략은 단순히 아마존의 형편에 따른 것이 아니다. 고객의 상황을 고려하고 나서 편의성을 중시한다.

판촉에는 소통을 추가한다. 아마존이 제공하는 판촉은 단순히 아마존 측 형편에 따른 일방통행적인 광고·선전 및 판촉으로 끝나지 않는다. 리뷰 작성 기능을 제공하는 등 고객과의 쌍방향적 소통이 이루어지고 있다.

소통 측면에서 고객이 제공하는 리뷰는 아마존 전자상거래 사이트의 생명선이기 때문에 조금 더 자세히 살펴보자. 소비자가 아마존에서 상품을 구입할 때 신뢰성을 높게 평가하는 데는 소비자 리뷰가 크게 기여한다. 앞으로 상품 동영상이 도입된다면 소비자는 더욱 실감나게 상품을 파악할 수 있게 될 것이다.

오프라인 점포와 아마존 전자상거래 점포의 결정적인 차이점 중 하나는 다른 구입자가 작성한 리뷰, 이른바 입소문 형태로 자신이 사려는 상품의 실제 기능과 사용성을 판단할 수 있다는 점이다(일반 소비자가 오프라인 점포에서 실제 구입자의 입소문을 수집하기란 매우 어렵다). 아마존은 판매 촉진 면에서 고객 리뷰의 중요성을 인식하고 리뷰어(리뷰를 올리는 사람들)에게 등급을 부여하고 있다.

고객은 해당 상품의 상세한 설명과 별점은 물론 리뷰를 작성한 사람 중에 자신의 사용 목적과 부합하는 실제 구매자가 해당 상품을 어떻게 평가하고 있는지를 중시한다. 상품 제공자인 아마존과 판매자에게 지대한 영향을 끼치는 소비자 측 무기를 아마존 스스로 소비자에게 제공한다. 아마존에서는 소비자와의 쌍방향 소통이 공염불이 아닌 실제 매출과 직결되는 수준까지 높아져 있다.

전자상거래 기업이 인터넷 세계에서 현실 세계로 진출할 때 오프라인 소매 기업과 충돌이 일어나는 것은 불가피하다. 아마존과 라쿠텐처럼 전자상거래가 오프라인으로 진출하는 경우가 있는가 하면, 오프라인 기업이 전자상거래 사이트로 진출하는 경우도 있다. 이제는 어느 기업이 승자가 될지 명암이 뚜렷하지 않은 상황이다.

기업의 승패를 결정지을 요인은 사용자 경험을 얼마나 중시하고 있느냐에 달려 있다. 사용자 경험을 중시하는 자세를 지속해서 관철할 수 있다면 아마존이 오프라인 소매 업계에서도 패권을 장악할 가능성이 높다.

달리 말하면, 오프라인 소매점이 전자상거래로 진출했을 때 좀처럼 성공하지 못하는 이유는 사용자 경험이 불충분하기 때문이다. 이제까지 오프라인 소매점은 사용자 경험을 치밀하게 추구하지 못했다. 업계 분위기에 편승해서 전자상거래에 진출한다고 승산이 있을 리 없다. 그런 의미에서는 높은 개연성에 따라 사용자 경험을 중시하는 아마존과 같은 인터넷 기업이 오프라인에 진출하는 경우가 성공할 가능성이 높다.

프라임 회원이 아니면 손해인가

아마존 비즈니스 모델의 계층 구조를 나타낸 것이 [도표 18]이다. 최근 눈부신 내실화를 이룩한 부문은 의류·패션, 신선식품, 프라임 회원 서비스다.

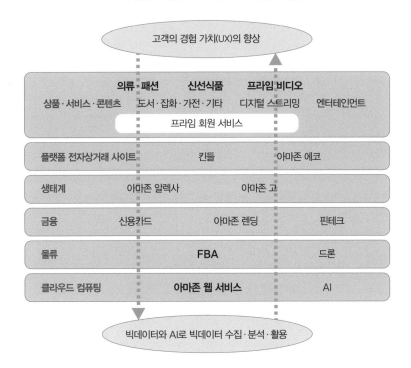

도표 18 아마존의 사업 구조: 비즈니스 모델의 계층 구조

고객의 경험 가치(UX)의 향상

의류·패션	신선식품	프라임 비디오	
상품·서비스·콘텐츠 도서·잡화·가전·기타	디지털 스트리밍	엔터테인먼트	
프라임 회원 서비스			

플랫폼 전자상거래 사이트	킨들	아마존 에코
생태계	아마존 알렉사	아마존 고
금융	신용카드	아마존 렌딩	핀테크
물류	FBA	드론
클라우드 컴퓨팅	아마존 웹 서비스	AI

빅데이터와 AI로 빅데이터 수집·분석·활용

프라임 회원의 가장 눈에 띄는 혜택은 배송료다. 일본의 경우 프라임 회원은 3일 이내에 배송되는 특급편과 당일 특급편이 모두 무료다. 여기에 영화나 드라마를 마음껏 볼 수 있는 프라임 비디오, 100만 곡 이상을 마음껏 들을 수 있는 프라임 뮤직, 용량 제한 없이 클라우드에 사진을 저장할 수 있는 프라임 포토, 일부 지역을 대상으로 2시간 이내에 배송하는 서비스 프라임 나우, 한 번만 누르면 치약과 샴푸 등을 주문할 수 있는 아마존 대시 버튼 등이 추가된다. 이 모든 서비스를 연회비 3,900엔을 지불한 회원만이 누릴 수 있다.

베조스는 2015년 주주에게 보내는 편지에서 "프라임 회원 서비스의 가치를 높여 회원이 아닌 사람이 스스로 무책임하다고 느끼게 될 법한 존재로 만들고 싶다"라고 말했다. 프라임은 베조스가 호언장담할 만큼 고객이 납득할 수 있는 충실함을 갖췄다.

그러나 베조스는 프라임 서비스 역시 초장기적 관점으로 본다. 단기적으로 투자를 회수하려는 생각을 전혀 하지 않는다. 최우선 목표는 프라임 회원 자체를 늘리는 데 있다.

이것은 무슨 의미일까? 프라임 회원이 되면 지금까지 책이나 DVD와 같은 한정된 상품만 사던 고객이 다른 상품 카테고리까지 구매의 손길을 뻗을 수 있다. 프라임 회원이 되면 구매 빈도가 늘어나 객단가 [고객 1인당 평균 구매액] 또한 높아진다.

다양한 서비스를 받는 고객은 굳이 다른 전자상거래 사이트에서 쇼핑을 하지 않는다. 아마존에서 갈아타려 해도 전환 비용이 발생하기 때문이다. 아마존은 프라임 서비스로 고객을 점차 포위해가고 있다.

기존 프라임 서비스 역시 진화하고 있다. 예를 들면 배송 속도, 대상 상품·서비스군 및 대응 기기의 확대다. 여기서 말하는 대응 기기란 아마존 알렉사와 아마존 에코를 뜻한다. 양쪽 모두 프라임 회원이 아니면 받을 수 없는 서비스다. 프라임 서비스의 시너지 효과 덕분에 프라임 회원이 늘고 서비스의 질 또한 향상된다.

프라임 회원이 늘어날수록 더욱 큰 파급 효과를 기대할 수 있다. 예를 들면 플랫폼 자체가 확대된다. 프라임 서비스의 가장 큰 매력은 배송 속도이며, 이 혜택을 누리는 고객은 다른 판매자에 대해서 동등한 배송 속도를 요구하게 될 것이다.

따라서 더 많은 판매자가 FBA를 이용해 특급편이나 당일 특급편을 무료로 제공하기 시작할 것이다. 이로써 프라임 회원이 더욱 늘어나고 플랫폼이 확대되며 더욱 많은 고객 정보가 모인다. 이런 선순환 구조를 지속적으로 이어가는 단초가 되는 것이 바로 프라임 회원의 증가다. 이것이 이익을 도외시하면서까지 아마존이 프라임 서비스를 확충하고 있는 이유다.

앞에서도 언급했지만 8,500만 명이 넘는 프라임 회원을 거느린 미국에서는 연회비가 99달러인 반면, 일본 아마존의 프라임 회원 연회비는 약 3,900엔으로 저렴하다. 이는 제1장에서도 설명했듯이 아마존의 북미 사업과 아마존 웹 서비스 사업에서 벌어들인 이익을 아마존의 북미 이외 사업을 전개하는 데 투자하고 있기 때문에 가능한 가격 전략이다. 정말로 프라임 회원이 아니면 손해라는 생각이 들 법하다.

하늘의 때를 맞이한
동영상 스트리밍

프라임 회원 증가에서 서비스 확충으로의 움직임이 가속화하고 있는 부문이 바로 아마존 프라임 비디오다. 해외에서는 넷플릭스Netfilx나 훌루Hulu, 일본에서는 dTV 등이 동영상 스트리밍 서비스를 전개하고 있는데, 이 서비스들이 월정액 기본요금을 받는 반면 프라임 비디오는 프라임 회원이면 무료다. 콘텐츠의 충실함도 동영상 전문 업체를 위협하는 수준에 이르렀다. 조만간 아마존 프라임은 동영상 서비스를 전개하는 경쟁사를 무력화시킬 정도의 위력을 지니게 될지도 모른다.

이는 동영상 스트리밍에서 아마존이 제공할 수 있는 사용자 경험 수준이 하늘의 때를 맞이했음을 보여준다. 사실 동영상 시청 데이터도 아마존 입장에서는 빅데이터와 AI의 대상이다. 프라임 비디오 또한 빅데이터 수집 장치인 셈이다.

동영상 스트리밍이 일본에서 하늘의 때를 맞이했다는 점에 관해서는 다음 사실을 통해 알 수 있다.

- TV를 보지 않는 사람 및 TV를 보유하고 있지 않은 사람의 증가.
- 스마트폰 보급률의 증가(2017년 3월 일본 내각부 산하 싱크탱크인 경제사회 종합연구소의 〈소비 동향 조사〉에 따르면 일반 가구의 스마트폰 보급률은 69.7퍼센트까지 증가).
- 스마트폰 광고 시장의 급성장(일본 온라인 광고 대행사 사이버커뮤니케이션즈의 〈2016년 인터넷 광고 시장 규모 추계 조사〉에 따르면 스마트폰 광고 시장은 전년 대비 23.7퍼센트 증가한 8,010억 엔까지 확대).
- 동영상 스트리밍 및 동영상 광고의 급성장.
- 2018년 디지털 광고비가 TV 광고비 추월(일본 광고사 덴쓰의 2017년 6월 예측).

무슨 동영상을 시청했는지 뿐만 아니라 어느 장면에서 흥미를 잃고 시청을 그만뒀는지를 비롯해 동영상 광고에 대한 반응을 실시간으로 파악할 수 있다. 동영상 시청 데이터를 새로운 프로그램 및 광고 제작에 반영한다면 품질은 분명 한층 더 높아질 것이다. 이렇게 만들어진 매력적인 동영상 콘텐츠는 프라임 회원을 더욱 증가시킨다.

앞으로 새롭게 생겨날 움직임으로는 상품의 동영상화가 예상된다. 사이트 내에서 상품을 동영상으로 설명하는 것인데, 사용자 입장에서 의류 상품은 정지 화면보다 동영상으로 소개하는 방식이 효과적이다. 일본 최대 온라인 의류 쇼핑몰인 조조타운은 상품의 동영상 소개에 이미 착수했다. 아마존 역시 동영상 제작 노하우를 다져왔기 때문에 본업인 인터넷 판매에 활용하지 않을 이유가 없다.

동영상 단독 부문에서도 새로운 플랫폼을 구축하고 있다. 2016년에는 동영상 창작자가 자신이 제작한 프로그램을 스트리밍하는 플랫폼인 아마존 비디오 다이렉트가 개시되었다. 미국에서는 이미 창작자가 제작한 영상을 유튜브가 아닌 아마존 비디오 다이렉트로 내보내고 프라임 회원의 평가를 받는 움직임이 있다.

내 아이패드에는 동영상 앱으로 NTT 도코모의 dTV를 비롯해 가오, 아베마 TV, 아마존 프라임 비디오가 설치되어 있다. 예능 프로그램을 좋아하는 나는 독점 프로그램이 제공되고 예능 콘텐츠가 가장 풍부한 아마존의 프라임 비디오를 선호한다. 특히 예전에 DVD로 구입했던 코미디언의 작품을 많이 볼 수 있다는 것은 예능 팬으로서 뿌리치기 힘든 매력이다.

패션으로 진출한 아마존
– 유니클로를 위협하는 SPA 기업으로 성장하다

예전부터 전자상거래 업계는 패션을 전자상거래 판매에 잘 어울리는 상품 카테고리 중 하나로 간주했다. 일본에서는 조조타운이 발 빠르게 이를 증명해 보였으며, 미국에서는 소비자의 절반가량이 패션을 아마존에서 구입한다고 응답했다. 이에 아마존은 자체 브랜드PB 강화에 나섰다.

아마존의 자체 브랜드명은 아마존 베이직Amazon Basics이다. 2009년부터 시작되어 충전식 니켈 전지 등이 베스트셀러 상품이 되었는데, 사실 패션에서도 7개의 자체 브랜드를 런칭했다.

애초에 의류·패션은 아마존의 무기인 빅데이터와 AI를 활용하기 쉬운 분야다. 소비자의 취향을 파악해 최적의 상품을 추천할 수 있기 때문이다. 아마존 에코를 잇는 스피커형 AI의 신규 모델인 에코 쇼Echo Show, 카메라가 부착된 알렉사 단말 에코 룩Echo Look과의 궁합도 발군이다. 에코 쇼는 터치스크린이 장착되어 있고 이미지 표시와 동영상 재생이 가능하다. 에코 룩에는 고객이 촬영한 이미지를 보고 AI가 패션을 조언하는 기능이 들어 있다. 당연하지만 에코 쇼와 에코 룩에서도 빅데이터를 취득하고 있고, 취득 정보는 향후 아마존의 상품 라인업에 반영된다.

미국에서는 프라임 회원을 대상으로 구매 전에 집에서 미리 옷을 받아 입어볼 수 있는 프라임 워드로브 서비스가 개시되었다. 에코 룩의 패션 체크 기능과 조합하면 옷이 마음에 들지 않아 반납하는 위험성을 줄일 수 있다. 2017년 8월에는 스타일리스트나 디자이너를 빅데이터와 AI로 대체하는 AI 패션 디자이너를 개발 중이라고 보도되었다.

여기까지의 내용을 고려해봤을 때 아마존이 유니클로의 위협이 될 것인지에 관해 생각해보지 않을 수 없다. 아마존이 자체 브랜드를 내세워 패션 사업 시작할 때 베이직·캐주얼은 최적의 분야다. 고가 브랜드를 아마존에서 구입하기에는 약간 망설이는 사람이 많을 것이다. 그러나 유니클로가 전개하고 있는 베이직·캐주얼이라면 브랜드마다 큰 차이가 없어 아마존이 진입하기 쉽다. 고객망을 가지고 있고, 고객의 빅데이터를 가지고 있으며, 그것들을 AI로 활용할 수 있는 아마존이 직접 개발, 제조, 판매까지 나선다면 의류 업계가 위협을 느낄 만한 SPA 기업으로 성장하는 것도 가능하다.

나중에는 대량 맞춤화 시대가 본격적으로 시작될 것이다. 이는 빅데이터와 AI로 도출된 일대일 세그먼테이션을 배경으로 개개인에 맞게 제품을 생산하는 방식인데, 성격상 패션 분야부터 시작될 것으로 예측된다.

참고로 유니클로를 운영하는 패스트 리테일링 그룹의 야나이 다다시柳井正 회장은 2017년 10월 뉴욕에서 가진 기자회견에서, 아마존 인터넷 판매 사이트에 자사 제품을 입점하지 않겠다는 방침을 밝혔다. 라이프웨어라는 콘셉트와 기능성 의류 분야에서 아마존과 정면 승부를 펼치겠다는 의지를 밝힌 것이다. 아마존을 두려워할 필요가 없다고 말한 야나이 다다시의 향후 전략에 귀추가 주목된다.

아마존은 일본에서 본격적으로 패션 분야를 전개하기 위한 다음 단계를 추진하겠다는 방침을 밝혔다. 아마존 일본 법인인 아마존 재팬은 2017년 10월 4일 보도자료를 내고, 2018년 봄에 아마존 패션Amazon Fashion용 촬영 스튜디오를 도쿄 시나가와에 오픈하겠다고 발표했다. 스튜디오에는 스틸 이미지 촬영 구역 열한 곳, 동영상 촬영 구역 다섯 곳, 편집 스튜디오 두 곳, 헤어 및 메이크업 구역, 라이브러리, 라운지, 회의실이 마련된다. 아마존 패션과 기타 편집 프로젝트를 대상으로 연간 100만 점이 넘는 상품 이미지와 동영상을 촬영하고 제작하기 위해 사용될 예정이다. 이곳은 아마존이 지금까지 세계 각지에 오픈한 스튜디오 중 최대 규모를 자랑하는데, 일본에서 급성장 중인 아마존 패션 사업의 촬영 수요에 대응하기 위한 목적이라고 한다.

코디네이트형 패션의 제안력을 강점 삼아 단순히 옷이 아닌 패션을 판매하겠다는 아마존의 의욕이 느껴진다. 스튜디오 오픈 이후에는 아마존으로부터 더욱 본격적으로 이미지와 동영상을 활용한 패션 제안이 이루어지리라는 점에 주목해야 할 것이다.

일본에서 아마존 에코는
성공할 수 있을까

아마존, 구글, 라인LINE 세 회사는 2017년 스마트 스피커를 일본에서 발매했다. 지금부터는 아마존 에코가 시장의 선두주자가 될 수 있을지를 분석해보자.

스마트 홈 플랫폼으로서 기대되는 스마트 스피커에는 다음 세 가지 중요한 테마가 있다.

첫 번째는 음성인식 AI를 탑재한 스마트 스피커가 얼마만큼 빅데이터를 수집해 해당 AI가 기계 학습으로 성장하고 있는가 하는 점이다. 일본 기준으로 적어도 현 시점에서는 아마존보다는 구글이 뛰어나다. 구글은 TV 광고에서 음성인식 AI를 홍보하고 있으며, 음성 검색이라는 수단으로 일본인이 제공하는 폭넓은 일본어 음성 데이터를 방대하게 수집해오고 있기 때문이다. 미국 사례를 보더라도 아마존 에코는 부엌 관련 정보나 쇼핑 관련 정보에는 강한 반면 비즈니스상 스케줄 관리와 같은 용도에서는 기계 학습이 늦다는 지적이 나오고 있다.

두 번째는 해당 스마트 스피커가 스마트 홈 플랫폼으로서 매력과 동선을 얼마만큼 확보했느냐 하는 점이다. 이를 위해서는 경쟁사 제조업체를 끌어들여 자사 기술을 통일 규격 수준으로 높이거나 다른 업종의 기업을 끌어들여 서비스를 제공해 플랫폼을 창조하는 것이 중요하다.

하드웨어로서 가전 자체의 부가가치가 다른 가전과 연동되어 동작하는 것밖에 없다면 소비자의 경험 가치를 높이기에는 부족하다. 사용자의 경험 가치를 높여 사용자를 많이 불러 모으지 못한다면 서비스를 제공할 기업을 모으기가 어렵기 때문이다. 서비스 제공 기업이 매력적인 서비스를 해당 플랫폼에서 제공할 수 없다면 사용자의 경험 가치 또한 높아지지 않는다. 이 점에서는 미국에서 성공을 거둔 아마존 에코가 가장 뛰어나다고 평가할 수 있다.

세 번째는 스마트 스피커를 어떤 용도로 사용하느냐 하는 점이다. 종합적인 스마트 홈 플랫폼이라는 위치에서는 아마존 에코가 뛰어나다. 다만 스마트폰 시대로 이행하는 과정에서 라인이 커뮤니케이션 측면을 가장 중요시해 시장 점유율을 높여온 사례가 있다. 이처럼 앞으로 찾아올 스마트 홈 시대에 소비자가 정말로 원하는 요구에 부합하는 서비스를 제공할 수 있다면 아마존을 충분히 따라잡을 수 있을 것이다. 같은 맥락에서 라인이 시장을 석권할 가능성도 없지 않다.

덧붙여 구글의 AI 비서에 관해서 설명해보면 내가 이스라엘 국비 초빙 리더십 프로그램에 단장 자격으로 참가했을 때 구글과 공동으로 음성인식 AI를 개발하던 창업자와 친분을 나눌 기회가 있었다. 그는 이스라엘에서 유명한 AI 및 데이터 마이닝Data Mining[많은 데이터 가운데 숨어 있는 유용한 상관관계를 발견해, 미래에 실행 가능한 정보를 추출해내고 의사결정에 이용하는 과정] 전문가이자, 역시 8200부대 출신자 중 한 명이다. 그는 창업한 회사를 미국 IT 기업에 매각하고 회사 두 곳의 경영자 겸 개발자로 일하고 있었다. 구글 AI 비서가 어째서 위협적인지를 알려면 이 창업자의 사명감을 전달하는 것이 효과적일 것이다.

"개발도상국에서 충분한 교육을 받을 수 없는 아이들이 그냥 AI 비서에게 말을 걸기만 해도 뭐든지 알 수 있고, 쌍방향 학습이 가능한 환경을 AI 비서로 구현하고 싶습니다."

구글의 AI 비서인 구글 어시스턴트Google Assistant는 이처럼 숭고한 뜻을 품은 이스라엘의 창업자에게 지지받는 셈이다.

실제로 AI의 제왕인 구글은 구글 어시스턴트를 음성인식 AI라기보다는 대화형 AI로 규정한다. 또 구글 어시스턴트와 소비자의 상호작용을 사람과 사람의 상호작용과 같은 수준의 자연스러운 어조로 만드는 것을 지향한다. 구글 어시스턴트와의 상호작용에는 음성뿐만 아니라 구글 렌즈라는 '눈'이 추가되어 있다.

AI라는 출구 반대쪽에서는 검색, 유튜브, 구글 맵, 구글 포토로부터 방대한 빅데이터가 실시간으로 들어온다. 구글의 스마트 스피커인 구글 홈Google Home은 뛰어난 AI 어시스턴트가 뒷받침하고 있다는 점을 강조한다.

마지막으로 애플의 AI 비서인 시리Siri에 관해서 살펴보자. 일반적으로 애플의 아이폰, 아이패드, 애플 워치를 동기화해서 사용하는 경우가 많다. 미국에서는 스티브 잡스의 제품 디자인을 가리켜 플레이풀Playful, 즉 두근거리고, 즐겁고, 갖고 놀고 싶은 기분이 생겨나는 디자인이라고 표현한 바 있다. 이런 의미에서 보더라도 시리는 구글 어시스턴트 등과 비교하면 함께 놀고 싶고 장난치고 싶은 기분이 들게 하는 AI라고 평가된다. 일본에서는 시리가 내놓는 재치 있는 대답이 세간의 유머 소재로까지 발전했다. 시리는 아이러니하게도 잡스가 사망하기 전날인 2011년 10월 4일 아이폰 4S와 동시에 발표되었다. 당시에는 획기적이라 경쟁사가 따라잡기까지 상당한 기간이 필요해 보였지만, 현재 시리는 다양한 기능 면에서 오히려 경쟁사에 뒤처진 상태다. 잡스의 플레이풀에 대한 집착이 그의 사망 이후 언제까지 제품에 계속 반영되느냐가 애플의 명암을 가르게 될 것이다.

제3장

아마존의 수익원은
더 이상 소매가 아니다

빅데이터 시대의 지배자, 베조스의 야망

amazon

빅데이터란 무엇인가

아마존은 이제까지 전자상거래 인터넷 판매 사업에서 방대한 구매 데이터를 축적해왔다. 동영상 스트리밍 사업으로는 동영상 시청 데이터, 음성인식 단말 아마존 에코로는 방대한 음성 데이터, 아마존 에코의 파생 상품인 아마존 룩으로는 이미지 데이터를 축적했다.

오프라인으로 본격 진출한 것도 진정한 목적은 오프라인 구매 데이터와 소비자의 위치 정보 데이터를 수집하기 위해서라는 견해가 많다.

빅데이터의 범위는 전자상거래와 오프라인 점포의 구매 데이터를 비롯해 음성 데이터, 이미지 데이터, 동영상 시청 데이터, 나아가 소비자 개개인의 위치 정보 데이터 등 방대하다. 추천이든 사용자 프로파일링이든 빅데이터가 가져다줄 최적화의 위력은 경이로운 수준이다. 아마존은 빅데이터 분석과 활용을 어떻게 계획하고 있을까?

본 주제로 들어가기 전에 빅데이터가 무엇인지에 관해서 정리해보자. 빅데이터는 글자 그대로 '거대한 데이터'라는 의미가 들어 있지만, 여기에 다양성Variety, 양Volume, 실시간성Velocity라는 세 가지 'V'의 특징이 더해진다.

데이터의 정확성, 데이터의 신선도, 데이터의 커버리지 또한 매우 중요하다. 예를 들어 데이터를 0.1인 세그먼테이션으로 연결하려면 실시간 데이터, 즉 신선도가 높은 데이터가 필요하다.

한편 데이터의 속성에 따라 빅데이터를 분류하는 방법도 있다[도표 19] 참조).

그래프에서 세로축은 빅데이터를 거시적(집단)으로 파악하는지 미시적(개인)으로 파악하는지를 나타낸다. 가로축은 시간적 속성, 즉 실시간으로 취득할 수 있는 데이터인지 혹은 특정 시점에 모아 일괄적으로 처리하는지를 나타낸다.

세로축에서 말하는 거시적은 통계 분석 영역이다. 통계 분석을 실시간으로 할 것인지 모아서 일괄 처리할 것인지, 두 가지 접근법이 있다. 통계 분석을 미시적으로 한다면 불가피하게 개인이 특정되는 방향으로 나아간다.

일괄 처리되는 개인 특정 정보는 《사람을 위한 데이터》에서 설명하는 일대일 마케팅에 활용되고, 실시간 개인 특정 정보는 마찬가지로 0.1 마케팅에 활용된다. 아마존이든 애플이나 구글이든 현 단계에서는 개인을 특정하는 것을 목적으로 삼고 있지 않다는 점에 주의할 필요가 있다. 목적은 어디까지나 고객 개개인의 요구사항을 세부적으로 파악

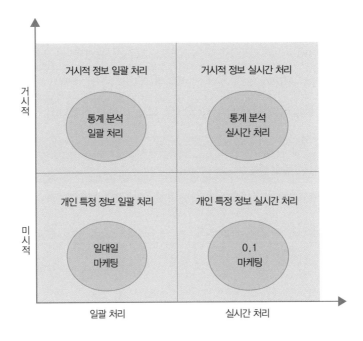

도표 19 데이터의 속성에 따른 빅데이터의 분류

거시적 정보 일괄 처리

통계 분석
일괄 처리

거시적 정보 실시간 처리

통계 분석
실시간 처리

개인 특정 정보 일괄 처리

일대일
마케팅

개인 특정 정보 실시간 처리

0.1
마케팅

거시적

미시적

일괄 처리

실시간 처리

해 매출을 극대화하는 데 있다.

빅데이터 사용 방식에는 거시적인 관점과 미시적인 관점이 있다. 전자는 수백만 명 혹은 수천만 명과 같이 거대한 모집단 중에서 일정한 패턴을 찾아내는 것이다. 후자는 축적된 고객 한 사람의 행동 이력 데이터 중에서 그 사람의 행동 패턴을 찾아내는 것이다. 양쪽 모두 방대한 데이터를 수집하고 분석함으로써 일정한 패턴을 발견한다는 공통점이 있다.

패턴을 찾는 궁극적인 목적은 고객 개개인의 세그먼테이션에 활용하거나 혹은 통계적·확률적으로 미래를 예측하고 의사결정에 활용하는 데 있다.

빅데이터 분석은 기존의 데이터 분석과 무엇이 다를까? 양쪽의 차이는 데이터의 양과 데이터 분석 수단인 AI에서 생겨난다.

빅데이터 시대가 오기 전에는 방대한 데이터 수집 자체가 어려웠다. 수천 명 분량의 데이터를 취득했다고 해도 그것은 모집단의 샘플링에 불과했으며, 거기서부터 가설을 세우고 검증해서 모집단을 추산하는 작업이 따로 필요했다.

그러나 빅데이터 시대에 접어들면서 데이터를 분석할 때 모집단의 데이터 자체를 통째로 집계하는 것이 가능해졌다. 따라서 적어도 이론적으로는 가설 검증과 추산이 불필요하다.

아마존의 본질은
빅데이터 기업

아마존은 빅데이터라는 말이 요즘처럼 보급되기 훨씬 이전부터 전자상거래 사이트에서 구매 이력을 분석해 상품을 추천하고, 사이트 안에서의 행동 이력과 클릭률을 분석해 사이트 환경을 개선하는 등 빅데이터를 철저하게 활용해왔다.

"아마존에서는 데이터가 모든 것을 지배한다Data is King at Amazon."

예전에 아마존의 디렉터로 근무했던 로니 코하비Ronny Kohavi의 말이다. 아마존의 본질은 전자상거래 사이트도 시스템 회사도 아닌, 빅데이터 기업이라 할 수 있다.

도표 20 아마존에서 수집하는 빅데이터와 활용

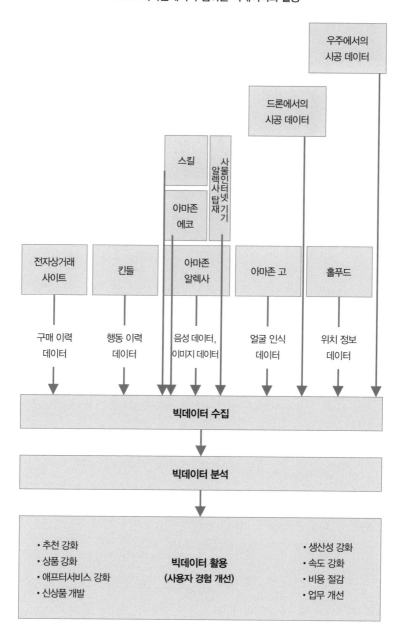

빅데이터의 수집 장치로는 전자상거래 사이트, 킨들, 아마존 에코, 아마존 알렉사, 아마존 고, 홀푸드 등이 있다. 이 장치들은 모두 고객에 대한 서비스이자 빅데이터의 수집 장치다.

[도표 20]에 나와 있듯이 이 장치들이 구매 이력, 행동 이력, 시청 데이터, 음성 데이터, 이미지 데이터 등을 시시각각 모으고 있다. 아마존은 이렇게 모은 데이터를 분석해 사용자 경험 개선을 위해 활용한다.

구체적인 용도로는 추천 강화, 상품 강화, 애프터서비스 강화, 신상품 개발, 생산성 강화, 속도 강화, 비용 절감, 업무 개선을 꼽을 수 있다.

아마존 웹 서비스
– 이익률을 낮추면 경쟁사가 줄어든다는 과감한 발상

아마존의 서비스와 뗄 수 없는 관계에 있으면서 빅데이터와 AI 영역에서 강력한 시너지를 만들어내고 있는 부문이 바로 아마존 웹 서비스AWS다.

아마존이 일반 소비자를 대상으로 사업을 펼치는 가운데, 아마존의 사업을 지원하기 위한 컴퓨터 및 IT 부문이었던 아마존 웹 서비스가 이윽고 독자적인 사업에 나서기 시작했다. 쉽게 말하면 아마존 웹 서비스는 그런 이유로 탄생했다. 현재 아마존 웹 서비스는 스토리지 및 데이터베이스, 서버, 네트워크와 같은 기본적인 컴퓨터 인프라 설비를 판매하는 한편 사물인터넷과 AI 등을 포함해 90가지 이상의 서비스를 제공하고 있다.

아마존 웹 서비스 일본 법인의 대표인 나가사키 다다오長崎忠雄는 IT 인프라 역시 인터넷 판매와 똑같이 원클릭으로 제공하겠다는 의지를 여러 차례 드러냈다. 이에 따라 사용자는 자체적으로 하드웨어나 설비를 마련하는 수고를 들일 필요 없이 인터넷을 경유해 다양한 IT 자원을 이용할 수 있다. 따라서 이용까지 걸리는 시간의 압축(서버 조달로 치면 신청한 지 5분 만에 서버 수천 대를 준비할 수 있는 수준으로), 축소·확장의 자유도, 고정비의 압축 등 다양한 혜택을 받는다.

아마존의 기술 고문이었던 앤디 재시Andy Jassy는 아마존 웹 서비스의 미션에 대해 다음과 같이 말했다.

"우리는 기숙사 방에 있는 학생도 세계적인 대기업의 것과 같은 인프라를 마음대로 사용할 수 있는 세상을 꿈꿉니다. 중소기업이나 신규 업체들도 대기업과 같은 원가 구조를 가진다면 좀 더 동등한 입장에서 경쟁할 수 있을 것입니다."(《아마존, 세상의 모든 것을 팝니다》)

그래서인지 아마존 웹 서비스의 사용료는 일관되게 저렴하다. 심지어 지금까지 60회 이상 요금 인하를 단행했으며 스토리지 서비스는 당초 가격의 90퍼센트 이상 인하된 상태다.

요금 인하를 고객 중심주의의 발현이라고 볼 수도 있다. 하지만 베조스는 이익률을 낮추면 경쟁사가 줄어들 것으로 계산했다. 이익률이 낮은 시장에는 IBM이나 마이크로소프트, 구글과 같은 경쟁사가 진출하지 않을 것이기 때문이다.

"마진이 높으면 경쟁자들이 연구 개발에 더 많이 투자하고 경쟁자

도표 21 불가분의 관계에 있는 아마존과 아마존 웹 서비스 사업: 두 사업 간의 강력한 시너지

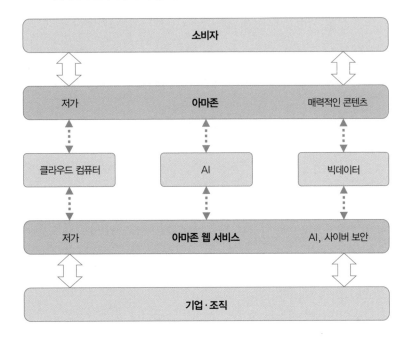

들을 더 많이 끌어당기지만 마진이 낮으면 고객을 더 많이 끌어당기는 한편 경쟁을 방어하기도 쉬워진다."(《아마존, 세상의 모든 것을 팝니다》)

그러나 60회 이상 거듭 요금을 인하했음에도 여전히 이익률이 높아 클라우드 컴퓨팅 분야에서 메가테크 기업 간에 치열한 경쟁이 시작되었다. 특히 아마존이 법인 고객을 대상으로 하는 AI의 오픈 플랫폼 사업을 아마존 웹 서비스로 전개했고, 따라서 AI의 제왕임을 자임해오던 구글이 위기감을 강하게 느끼면서 클라우드 컴퓨팅 분야에 본격적으로 주력하기 시작했다는 점은 주목할 만한 대목이다.

베조스는 1990년대 말부터 "아마존은 테크놀로지 기업이지 소매

기업이 아니다"라고 주장하면서 지속적으로 기술에 투자했다. AI 분야에는 20년에 걸쳐 대규모 투자를 진행해왔다. 실제로 이미 출시된 대부분의 기능은 기계 학습으로 구현되었다.

아마존 웹 서비스의 홈페이지에는 다음과 같이 적혀 있다.

아마존닷컴의 추천 엔진은 기계 학습을 사용해서 구축되어 있으며, 주문 이행 센터의 로봇 피킹Picking[물품 보관 장소로 찾아가 상품을 꺼내는 작업] 경로 최적화에 사용됩니다. 아마존의 공급망, 예측, 용량 계획에도 기계 학습 알고리즘으로 도출된 정보가 활용됩니다. 알렉사는 자연어 이해와 자동 음성인식 심층 학습 기술로 성장합니다. 아마존 드론 기술의 선두 주자인 프라임 에어와 새로운 소매 경험을 제공하는 아마존 고의 컴퓨터 시각 보조 기능에도 동일한 기술이 활용됩니다. 아마존에서는 수천 명의 엔지니어가 기계 학습과 심층 학습 분야에 주력하고 있으며 이들은 아마존의 전통에 큰 부분을 차지하고 있습니다.

아마존 웹 서비스상에서는 고객을 대상으로 한 AI 서비스가 제공된다. 문장을 실제 음성으로 변환하는 아마존 폴리Amazon Polly, 이미지 분석 기능을 앱에 쉽게 추가할 수 있는 아마존 레코그니션Amazon Rekognition, 음성 및 텍스트를 사용하는 대화형 인터페이스를 앱에 구축하는 아마존 렉스Amazon Lex 등이 이에 해당한다.

현재 클라우드 컴퓨팅으로 여유 공간뿐만 아니라 AI 플랫폼까지 외부 개발자에게 공개하고 있으며, 앞으로 음성인식과 자연어 처리 등 AI

관련 기능이 추가될 것이다.

아마존 웹 서비스는 원가 우위 전략을 표방하면서 저렴한 가격에만 그치지 않고 상품의 매력, 콘텐츠의 매력과 같은 차별화 전략에서도 강력한 플레이어라는 점을 강조한다.

덧붙이자면 2017년 10월 2일 아마존이 아마존 에코의 일본 발매 소식을 언론에 공개할 당시, 아마존 웹 서비스에서는 개발자를 대상으로 알렉사 연동 기능(스킬)을 개발할 수 있는 알렉사 스킬 도구Alexa Skills Kit, ASK 및 알렉사 대응 하드웨어 제품을 개발할 수 있는 알렉사 보이스 서비스Alexa Voice Service, AVS를 일본에서 연내에 전개하겠다고 발표했다. 앞으로 아마존은 일본에서 아마존과 아마존 웹 서비스가 시너지 효과를 일으켜 비즈니스를 더욱 확대해나갈 것이다. 일본에서 알렉사가 확산된다는 말은 아마존 AI가 일본의 표준이 된다는 점을 의미한다.

미국 인터넷협회에서
베조스가 말한 것

앞서 설명한 알렉사 스킬 도구나 알렉사 보이스 서비스처럼 아마존의 핵심을 이루는 빅데이터와 AI를 서비스 형태로 타사에 제공하고 있다는 점은 매우 중요하다. 아마존의 과감한 결단은 아마존의 전체 사업을 견인하는 수준의 수익을 가져다주고, 법인 고객이 사용함으로써 새로운 빅데이터를 축적하는 시너지를 만들어내고 있다.

아마존은 지금 하늘의 때를 맞이한 AI와 빅데이터를 최대한 활용하고 있다. 베조스는 2017년 5월 미국 인터넷협회에서 열린 대담에서 이렇게 발언했다.

"그야말로 르네상스, 황금 시대라 해도 좋을 겁니다. 우리는 이제까지 수십 년 동안 SF 소설에서나 가능했던 기계 학습과 AI를 가지고 현실 문제를 해결하고 있습니다."

베조스는 아마존 웹 서비스에 관해서도 언급했는데, 아마존 웹 서비스를 플랫폼 삼아 법인 고객 대상으로 AI 서비스를 제공하고 있다는 점을 강조했다.

"우리가 기계 학습을 제공하는 데 있어서 가장 짜릿한 점은, 비록 최신 기술에 정통한 전문가 집단이 없더라도 모든 조직이 아마존 웹 서비스상에서 선진 기술에 접근할 수 있도록 만들기로 결정했다는 것입니다. 지금 여러분이 조직의 문제를 해결하기 위해 선진 기술을 전부 자사 부담으로 구축하기란 현실적으로 어렵겠지요. 많은 전문가가 필요할 테고, 가장 우수한 기계 학습 전공 박사 학위 보유자를 구하기 위해 많은 기업과 경쟁해야 하며, 그런 경쟁에서 이기기도 만만치 않습니다. 우리는 아마존 웹 서비스의 성공 덕분에 첨단 기술을 사용하기 쉽게 만들었으며, 모든 조직이 접근 가능하게 만드는 데 에너지를 쏟을 수 있는 우위적인 위치에 있습니다."

아마존의 가격 책정과
아마존 캐시

　　　　　　AI의 등장에 따라 아마존은 이제까지 축적해왔던 빅데이터의 출구를 찾았다고 볼 수 있다. 하늘의 때가 도래해 드디어 빅데이터를 사용자 경험 향상으로 연결할 수 있는 시대가 온 것이다.

빅데이터와 AI는 아마존의 매출 증가를 직접 견인하는 수단이기도 하다. 아마존의 매출 방정식을 분석하면 매출 향상을 위해 역시 빅데이터가 활용되고 있다는 사실을 알 수 있다.

매출 방정식은 구매자×객단가다. 각 인자를 세부적으로 보면 구매자는 일반 고객과 프라임 회원으로 나눌 수 있다. 세트율[고객 1인당 구입한 상품 개수]을 높이고 구매 빈도를 높이는 것이 객단가를 올리기 위한 대표적인 정책이다.

아마존은 가변적 가격 책정이 특징이다. 모든 상품이 저가가 아니라 빅데이터와 AI를 활용해 검색 상위 상품과 인기 상품을 중심으로 저가 판매한다. 경쟁사와 비교하면 저렴할 수 있지만, 비인기 상품Long Tail이나 수량이 적은 상품은 가격을 크게 내리지 않음으로써 마진을 제대로 챙긴다.

세트율을 높이고, 구매 빈도를 높이고, 프라임 회원을 늘리는 데는 프라임 회원의 증가가 직접적으로 기여한다. 빅데이터와 AI로 추천 기능이 세련될수록 세트율이 높아진다. 홀푸드 인수를 계기로 신선식품을 본격적으로 취급한다면 역시 구매 빈도가 높아질 것이다.

한편 일반 고객을 늘리기 위해서는 아마존 캐시Amazon Cash라는 서비스가 시작되었다. 최근 미국에서 개시된 아마존 캐시는 은행 계좌나 신용카드 없이 인터넷에서 쇼핑을 할 수 있는 서비스다. 이제까지 인터넷 구입을 이용하지 않았던 저소득층을 타깃으로 한다.

이렇게 보면 구매자×객단가로 매출을 늘리는 과정 곳곳에 빅데이터와 AI가 활용되고 있다는 사실을 알 수 있다.

마케팅에서도 마찬가지다. 제1장에서 잠깐 언급했지만 마케팅 전략에는 세그먼테이션, 타기팅, 포지셔닝이 있다. 간단히 복습하자면 특정 기준에서 시장을 가령 A, B, C, D, E라는 다섯 가지로 구분했을 때 '다섯 가지로 구분한다'가 세그먼테이션, 'A를 고른다'가 타기팅, 'A를 이렇게 공략한다'가 포지셔닝에 해당한다는 내용이었다.

이때 세그먼테이션으로 흔히 사용되는 방법이 소비자의 행동 패턴에 주목하는지, 심리 패턴에 주목하는지, 속성에 주목하는지와 같은 것이다. 여기서 말하는 속성이란 성별이나 연령, 직업, 학력, 주거 지역 등이다.

기존 마케팅에서는 속성 데이터가 비교적 수집하기 쉬운 반면 소비자의 행동 패턴과 심리 패턴은 따로 설문조사를 하지 않는 이상 모을 수 없는 데이터라고 여겼다. 마케팅의 유용성은 행동 패턴이나 심리 패턴 쪽이 훨씬 높음에도 획득하기가 어렵다는 딜레마가 있었던 것이다.

하지만 아마존은 기존 마케팅에 혁신을 가져왔다. 아마존이 축적하

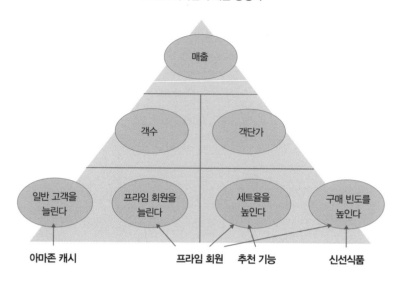

도표 22 아마존의 매출 방정식

는 빅데이터는 행동 패턴, 심리 패턴, 속성까지 모든 것을 포함한다. 결과적으로 아마존은 일반적인 세그먼테이션보다 훨씬 세밀한 1인 세그먼테이션과 0.1인 세그먼테이션을 가능하게 해 매출 향상으로 연결하고 있다.

어떻게 아마존은 고객의 취향을 꿰뚫고 있는가
– 협업 필터링의 비밀

빅데이터를 매출 증가로 연결할 때 강력한 엔진이 되는 것 중의 하나가 바로 추천 기능이다. 아마존의 추천 알고리즘을 협업 필터링이라고 한다. 사용자별 구입 예측 모델이라 해도 좋다. 협업 필터링은 일반에 널리 알려지지 않은 용어다. 다만 아마존에서 쇼핑을 해본 사람이라면 "이 상품을 구입한 사람은 다음의 상품도 구입했다"라는 문구가 익숙할 것이다. 이것이 협업 필터링 방식의 추천이다. 아마존의 매출을 끌어올리는 한 가지 요인이므로 조금 더 살펴보자.

추천 알고리즘에서의 협업 필터링이란 마케팅에서는 세그먼테이션, 통계에서는 분류라고 불린다. 비슷한 속성끼리 모아 그룹을 만들고, 이를 분류하거나 세그먼트로 나누는 것이 협업 필터링의 본질이다. 아마존에서 사용되는 협업 필터링에는 고객에 주목한 분류 및 세그먼테이션인 사용자 기반 협업 필터링과, 상품에 주목한 분류 및 세그먼테이션인 상품 기반 협업 필터링 두 가지가 있다. 여러 사용자의 구입 패턴에서 사용자 간의 유사성과 상품 간의 공기성共起性을 해석하고, 사용자 간의 구매 이력을 관련지음으로써 "이 상품을 구입한 사람은 다음의 상품도 구입했다"는 추천으로 연결한다. 실제로는 각 사용자의 다양한 행동 로그와 각종 검색 이력까지 빅데이터로 활용되어 해석과 추천이 이루어진다. 이것을 고도화한 형태가 0.1인 세그먼테이션이다.

이때 전제되어야 할 것은 자신과 성향이 비슷한 사용자의 평가가 자신의 평가와 유사할 것이라는 가설이다. 이 가설로부터 자신은 갖고 있지 않지만 자신과 성향이 비슷한 사람이 갖고 있는 상품이라면 분명 갖고 싶어 할 것이라는 심화 가설을 도출한다.

단순하게 설명하자면, 아마존의 추천은 많은 사용자 중에 나와 성향이 비슷한 사용자를 찾아내어, 그들은 갖고 있지만 나는 갖고 있지 않은 아이템을 추천하는 것이 기본이다. 사용자 입장에서는 기존에 몰랐던 의외성 있는 아이템을 추천받기 때문에 구매전환율Conversion Rate[고객이 웹사이트에 들어와서 실제 구매로 이어진 비율]이 향상될 수 있는 셈이다. 아마존이 경이로운 이유는 빅데이터로서의 행동 이력 범위와 양, 추천하는 상품이나 콘텐츠의 범위와 양, 추천의 정확도가 폭발적으로 증가하고 있기 때문이다.

빅데이터와 AI는
대량 맞춤화로 향한다

아마존의 빅데이터 분석으로 향후 개별 분석의 완성도가 높아지고, 결국 대량 생산과 개인화를 조합시킴으로써 대량 맞춤화가 이루어질 것으로 예측된다.

앞에서 아마존의 빅데이터 분석은 개인을 특정하는 것을 목적으로 하지 않는다고 설명했다. 다만 개인을 특정할 의도가 없어도 고객 개개인의 구매를 늘리고 고객 중심주의를 관철하기 위해, 다시 말해 사용자 경험을 더욱 향상하기 위해 개인에 대한 분석은 필수적이다. 장래에는 대량 맞춤화, 즉 고객 개개인에 맞춘 상품을 기획, 제조, 판매하는 것까지 목표로 하게 될 것이다.

전자상거래의 제왕 아마존이 오프라인 점포 전개와 소매·물류의 제왕 자리를 노릴 뿐만 아니라 제조사로서까지 새로운 면모를 갖추게 될 미래가 바로 코앞에 다가와 있다.

앞서 소개했던 2017년 5월 미국 인터넷협회에서 열린 대담에서 베조스는 아마존의 AI 전략에 관해서 언급했다. 이 책의 문제의식이기도 한 '아마존은 무슨 회사인가?', '아마존은 10년 후에 어떤 모습일까?', '그때 AI는 어떤 영향력을 가질까?'와 같은 물음에 베조스가 직접 답변한 귀중한 자료다.

'아마존은 무슨 회사인가?'라는 물음에는, 최근 클라우드 컴퓨팅과 동영상 스트리밍을 위한 프로그램까지 제작하고 있지만 모든 사업에 대한 접근법이 통일되어 있으며 일관되게 사업을 전개하는 기업이 바로 아마존이라고 답변했다.

여기서 말하는 접근법이란 고객 중심주의, 혁신, 초장기주의이며 제1장에서 언급한 아마존의 핵심 가치에 대응한다. 기업에 따라서는 경쟁주의, 비즈니스 모델주의, 테크놀로지주의, 상품주의 등 다양한 슬로건을 내걸고 있는데, 아마존을 특징짓고 있는 것은 역시 고객 중심주의임을 강조한 셈이다.

한편 베조스는 이렇게 말하기도 했다.

"그저 단순히 고객의 목소리에 귀를 기울이는 게 전부가 아닙니다. 고객은 항상 더 좋은 것을 바라고 있죠. 그렇기 때문에 고객을 대신해 항상 선구자로서 새로운 상품과 서비스를 제공하는 일이 중요합니다."

혁신을 추구하는 자세를 다시금 보여주는 발언이다. 초장기주의는 2~3년이나 5~7년 수준이 아니라 장기적인 관점에서 사업을 검토하는 것이다. 예를 들어 베조스는 이번 분기 결산은 3년 전부터 미리 예측했던 결과이며, CEO로서 자신은 이미 3년 후의 결과를 주시하고 있다고 말한다. 진위 여부는 알 수 없지만 초장기주의에 관한 철저한 생각은 충분히 엿볼 수 있다.

세계 제일의 서점에서
에브리싱 컴퍼니로

이어서 '아마존은 10년 후에 어떤 모습일까?'라는 물음이다. 베조스는 앞서 말한 세 가지 접근법에 대한 집착은 여전하다면서 저렴한 가격, 빠른 배송, 상품의 다양성이라는 고객 지향도 변함없다는 생각을 보이고 있다.

다만 고객 지향을 지속해서 충족하기란 쉽지 않다. 앞으로 10년 후 고객의 요구 수준은 더욱 높아져 있을 것이기 때문이다. 베조스는 고객 지향을 실행하려면 면밀한 사업 구조, 수익 구조, 원가 구조의 구축과 실행이 필수적이라고 강조한다.

세 번째 물음은 'AI는 어떤 영향을 끼칠까?'다. 베조스는 이 질문에서 AI와 기계 학습의 황금기가 도래했다는 견해를 밝혔다. 과거 수십 년 동안 AI는 SF 소설 속에서나 가능했던 일이었고 발전 속도도 더뎠지만 이제는 완전히 최대한 활용해야 할 때가 도래했다고 주장했다. 아마존 에코, 아마존 알렉사 등 음성인식 기기, AI 탑재 드론 배송을 가장 가까운 사례로 제시하며, 그중에서도 비즈니스 인프라 부분에서 AI 활용이 이루어지고 있다는 사실이 중요하다는 인식을 보였다.

구체적으로는 상품 검색, 상품 추천, 재고 관리 등 기본적인 부분에서 이미 AI가 활용되고 있는 한편, 아마존 에코, 아마존 알렉사 등 음성 인식은 아직 시작 단계에 불과해 앞으로 다양한 전개가 펼쳐질 것이라고 말했다.

덧붙여 베조스는 아마존 웹 서비스가 클라우드 컴퓨팅 분야에서 확고한 지위를 구축했듯이, AI에 관한 미션으로서는 아마존이 구축해온 AI 플랫폼과 AI 생태계를 일반에 개방해 AI를 사람들에게 좀 더 가까운 기술로 만들고 싶다고 밝혔다. 음성인식 AI 시스템인 알렉사는 이미 기술 공개가 된 상태인데, 베조스는 관련 기술을 일반인이 더욱 가깝게 사용하도록 만들겠다는 구상을 하고 있다.

베조스의 대담 내용은 고객주의라는 관점에서 플랫폼, 생태계, 제휴 마케팅과 같은 차세대형 비즈니스 모델을 선도해온 아마존이 다음 단계로서 대량 맞춤화를 실현하려고 한다는 확신을 갖게 한다.

아마존에는 이를 가능하게 하는 무기가 갖춰져 있다. 아마존은 세계 제일의 서점에서 에브리싱 스토어, 에브리싱 컴퍼니로 그리고 소매 기업에서, 물류 기업, 테크놀로지 기업으로 변모를 이룩해왔다. 전자상거래 점포와 오프라인 점포에서 구매 데이터, 음성 데이터, 이미지 데이터, 동영상 시청 데이터, 개별 소비자의 위치 정보 데이터 등 빅데이터를 축적했다. 게다가 빅데이터로부터는 개별 소비자의 요구사항을 추출해낸다. 앞으로 일반에 보급해가겠다는 AI 기술이 있다. 제2장에서 다룬 것처럼 자체 브랜드 상품을 전개하고 있으며 3D 프린팅에 선진적으로 대처하고 있다.

이런 요소를 감안할 때 소비자 개개인에 맞춰 제품 개발에서부터 생산, 판매, 배송까지 하는 대량 맞춤화를 실현할 수 있으며 이를 지속할 수 있는 거의 유일한 기업이 아마존이라는 것이 자연스러운 귀결이다.

여기서 빅데이터와 AI를 뭔가 다른 기술과 조합함으로써 새로운 상품과 서비스를 만들어낼 수 있는 시점이 이미 도래했다는 사실을 간과해서는 안 된다. 예를 들어 빅데이터와 AI, 그리고 3D 프린터 조합으로 세상에서 단 하나만 존재하는 나만을 위한 상품이 일반적인 서비스로 제공될 날이 그리 멀지 않았다. 이를테면 나만을 위한 주문 제작 옷, 안경, 가구, 침구 등이다. 빅데이터와 AI 그리고 음악으로는 소비자의 취향과 상황에 맞춘 새로운 합성 음악 제공이 가능해질 것이다.

알렉사를 탑재한 다양한 사물인터넷 가전이 스마트 스피커에 말을 걸기만 해도 가동된다는 것은 표면적인 기능에 불과하다. 본질은 사물인터넷 가전으로 빅데이터를 수집하고 있고 그것들이 앞으로의 대량 맞춤화에 활용된다는 점이다. 빅데이터와 AI 조합이 책, 신문, 잡지, 음악, 게임, 의료, 간병 등 다양한 분야에 확산되는 미래를 내다보는 사업 전략이 모든 업종에 필요한 시점이다.

위치 정보가 폭로하는 개인의 비밀
- 개인정보의 대가로 아마존은 무엇을 제공하는가

아마존의 무인 편의점 오픈, 홀푸드 인수 등 오프라인 점포 진출과 빅데이터의 관계성에 관해 데이터 마이닝 회사의 경영자와 대화를 나누면서 나는 매우 흥미로운 의견을 접할 수 있었다.

그는 아마존의 오프라인 점포 진출을 빅데이터 사업의 관점에서 보면, 오프라인에서의 구매 데이터라는 빅데이터의 수집뿐만 아니라 소비자의 위치 정보 데이터 수집이 진정한 목적일 것이라는 의견을 피력했다. 소비 위치와 행동 범위, 시간 데이터 정보가 갖춰지면 특정 소비자에 대해 더욱 정확한 프로파일링이 가능하기 때문이다.

앞에서 빅데이터를 분석하는 방법에는 수집된 방대한 데이터 전체를 거시적으로 분석하는 접근법과, 개별 소비자의 개인 데이터를 미시적으로 분석하는 접근법 두 가지가 있다고 밝힌 바 있다. 후자의 경우 개인정보보호법이 상당히 까다롭기 때문에, 예컨대 앱을 사용할 때 ID 번호를 부여하기만 하면 형식적으로는 개인을 특정할 수 없다.

그러나 우리의 눈앞에는 얼마든지 개인을 특정할 수 있는 현실이 존재한다. 하루 24시간, 1년 365일 위치 정보를 파악하면 개인을 거의 특정할 수 있다. 예를 들어 저녁 8시부터 아침 7시까지 머무는 장소는 집이라는 것을 추측할 수 있고, 마찬가지로 오전 9시부터 오후 5시까지 머무르는 장소는 직장이 될 것이다. 주소와 근무지를 알아내면 연봉을 유추할 수 있다. AI는 현재 이 수준까지 진화한 상태다.

빅데이터를 분석할 때는 데이터의 정확성과 커버리지, 신선도가 핵심이다. 이미 다양한 빅데이터를 축적하고 있는 아마존이 오프라인 점포 사업으로 위치 정보 데이터를 취득할 수 있다면 정확성과 커버리지, 신선도가 더욱 높아져 각 소비자가 어떻게 생활하고 있는지를 실시간으로 파악할 수 있다.

이야기를 나누었던 그 경영자는 아마존이 이제까지 수집해온 빅데이터와 위치 정보 데이터를 조합함으로써 소비자가 행동 변용을 일으키는 시점과 이유까지 규명할 수 있으며, 이를 다변량 해석Multivariate Analysis[여러 개의 변수 관계를 해명하기 위한 통계적 방법]함으로써 똑같이 행동 변용을 일으킬 가능성이 있는 소비자를 추측하고 상품을 추천할 수 있다고 했다.

예를 들어 평소에 공포 소설만 읽던 어떤 여성이 갑자기 연애 소설만 읽는다고 치자(행동 변용). 이때 여성의 위치 정보, 행동 범위, 시간 데이터 등을 조합해 분석하면 여성에게 일어난 행동 변용의 5W 1H까지 AI로 추측할 수 있다. 다음 단계로 이 여성처럼 공포 소설에서 연애 소설로 취향이 바뀔 소비자를 예측하고, 유사한 소설을 추천하는 정책까지 현실화할 수 있다.

이를 위해서라도 아마존이 오프라인 점포를 전개할 때 위치 정보를 얻을 수 있는 앱을 도입하리라는 것은 거의 확실하다. 다만 여러 차례 강조한 것처럼 고객 중심주의를 미션으로 내건 회사인 만큼 고객의 개인정보를 수중에 넣으려고 할 때 '고객이 얼마만큼 납득해줄 수 있는가?'를 고려할 것이다. 따라서 앞으로는 소비자가 스스로 자신의 위치 정보를 적극적으로 제공하고 싶어할 만한 새로운 서비스를 위치 정보의 취득 대가로 마련하려는 움직임이 생겨날 것이다.

서장에서 아마존 알렉사와 연동되는 아마존 글래스라는 안경형 웨어러블 기기를 소개한 바 있다. 바로 웨어러블 기기가 고객의 위치 정보

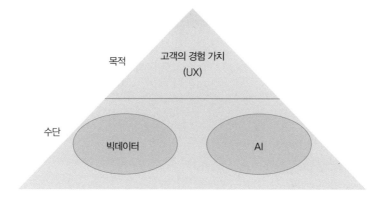

도표 23 고객 중심주의의 핵심인 고객의 경험 가치 향상을 위한 빅데이터와 AI

를 취득하기 위한 강력한 무기가 될 것이다. 인터넷이란 시간적·공간적 제약을 뛰어넘어 사람, 사물, 비사물을 연결할 수 있는 가능성을 내포한 기술이다. 웨어러블 기기에서의 위치 정보 취득은 고객의 현실 세계와 사이버 세계 양쪽의 빅데이터를 취득해 시공 가치를 높이는 데 공헌하게 될 것이다.

그렇다면 여기서 아마존의 빅데이터 전략 구조를 단순화해 살펴보자. [도표 23]에서 보듯 어디까지나 고객 중심주의를 관철하기 위한 고객 경험 향상을 목적에 두고, 이를 달성하기 위한 수단에 빅데이터와 AI가 자리 잡고 있다. 아마존 빅데이터 전략의 요체는 결국 '데이터 분석이 곧 고객을 아는 길'이라고 정리할 수 있다.

제프 베조스의 우주 전략

로켓 소년 베조스의 꿈

베조스가 우주에 꿈을 품은 시기는 아폴로 11호의 달 착륙 장면을 흑백 TV로 시청했던 5세 때였다.

그의 어렸을 적 꿈은 당연히 우주 비행사였다. 고등학교 시절에는 과학에서 세 번, 수학에서 두 번 교내 최우수상을 수상했고, 미국 플로리다 주가 개최한 과학 연구 경진 대회에서 〈무중력 상태가 집파리에 주는 영향〉이라는 논문으로 입상하기도 했다.

미국의 인기 SF TV 시리즈인 〈스타트렉〉의 영향도 컸다. 고등학교 졸업식에서 졸업생 대표로 단상에 오른 베조스는 "우주, 그 마지막 개척지"라는 〈스타트렉〉의 유명한 오프닝을 인용하며 이주용 식민지를 만들어 인류를 구원하겠다는 꿈에 대해 설명했다.

창업한 지 20여 년 만에 아마존을 세계 최강의 에브리싱 컴퍼니로 키워냈지만 베조스의 꿈은 여전히 우주에 있다. 2000년에는 개인 비용으로 항공 우주 기업인 블루 오리진을 창업했다. 라틴어 '그라다팀 페로키테르Gradatim Ferociter(한 걸음씩 용감하게)'라는 슬로건 아래 엄청난 속도로 로켓 개발을 추진했고 마침내 2015년에는 처녀비행을 하기에 이르렀다. 아마존 웹 서비스에서는 우주 사업을 개시해 이미 수익을 내고 있다.

"나는 아마존이라는 엄청난 복권에 당첨됐습니다. 당첨금을 우주 사업에 쏟아붓고 있지요. 우주 사업 때문에 아마존을 하고 있다 해도 좋을 정도입니다."

베조스는 이렇게 말했다. 베조스를 이토록 우주에 열광하게 만드는 이유는 대체 무엇일까? 아마존은 우주 사업에 어떤 의미를 두고 있는 걸까?

"많은 사람이 우주에 살 수 있게 하고 싶다"

지금까지 블루 오리진은 베일에 싸인 기업이었다. 그런데 얼마 전에 베조스가 직접 블루 오리진의 비전과 사업 진척 상황을 자신만만하게 공개했다. 2017년 4월 5일 미국 콜로라도 주에서 개최된 우주 컨퍼런스 '스페이스 심포지엄'에서의 일이다. 베조스는 블루 오리진이 제작한 우주선 내부를 공개하고, 우주선 앞에 서서 우주 사업에 관한 다양한 구상을 청중에게 직접 전했다. 이 장면은 동영상으로 공개되어 누구나 시청할 수 있다.

"많은 사람이 우주에 살 수 있게 하고 싶습니다."

"우주 비즈니스의 플랫폼을 구축할 것입니다."

베조스가 5,000억 원이나 되는 사재를 출연해 설립한 블루 오리진은 재사용 가능한 유인 우주선 뉴 셰퍼드New Shepard 등의 로켓을 개발했고 몇 차례에 걸쳐 우주 공간으로 쏘아올리는 데 성공했다. 그는 2018년 고객을 태운 10분간의 우주여행을 목표로 한다고 말했다. 뉴 셰퍼드 내부 캡슐 디자인은 2017년 9월에 이미 공개되었다. 세계 최초로 민간이 제공하는 우주여행이 드디어 눈앞에 다가와 있다.

베조스의 목표는 우주여행만이 아니다. 그는 아마존 창업 당시 우편배달 서비스와 전화 회선, 신용 결제 등의 플랫폼이 정비된 덕분에 적은 자금으로 아마존을 시작할 수 있었다고 몇 차례 밝힌 적이 있다. 이처럼 미래에는 더 저렴한 가격에 우주에 갈 수 있다는 것이다.

베조스가 우주 사업 플랫폼을 구축함으로써 다른 기업의 우주 사업 진출이 쉬워지고, 우주 사업 회사들의 경쟁으로 가격은 떨어지며 산업 전체가 발전할 것이라는 구상이다. 테슬라의 일론 머스크Elon Musk CEO가 이끄는 우주 벤처 기업 스페이스 엑스SpaceX와의 로켓 개발 경쟁이 화제가 된 적이 있는데, 이 역시 환영할 만한 일이다. 앞서거나 뒤서거니 서로 기술을 발전시키면서 사람들의 관심까지 끄는 효과를 보고 있다.

이러한 내용을 기반으로 베조스가 추진하는 우주 사업의 '도'를 정리하면 [도표 24]와 같다.

미션은 많은 사람을 우주에서 살 수 있게 하는 것이다. 미션에서는 고객 차원을 넘어 인류에 널리 공헌하겠다는 거대한 사명감을 엿볼

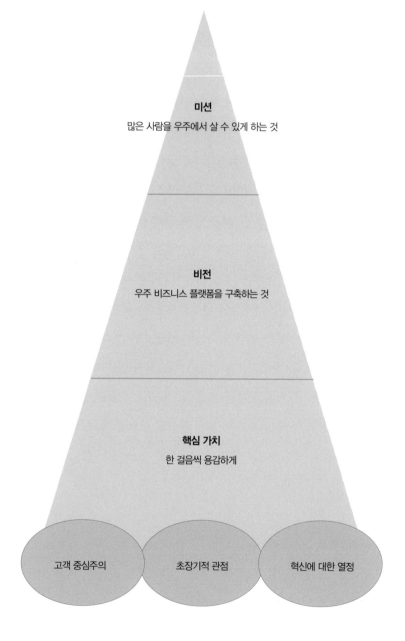

도표 24 베조스가 추진하는 우주 사업의 미션·비전·핵심 가치

미션

많은 사람을 우주에서 살 수 있게 하는 것

비전

우주 비즈니스 플랫폼을 구축하는 것

핵심 가치

한 걸음씩 용감하게

고객 중심주의

초장기적 관점

혁신에 대한 열정

수 있다. 비전은 우주 비즈니스 플랫폼을 구축하는 것이다. 핵심 가치
는 아마존과 똑같이 고객 중심주의, 초장기적 관점, 혁신에 대한 열정
이다. 저렴한 요금으로 즐기는 안전한 우주여행은 베조스뿐만 아니라
모든 인류가 실현되기를 고대하는 꿈일 것이다.

아마존 웹 서비스,
우주 데이터를 수익화하다

다만 베조스는 블루 오리진만 가지고
이토록 거대한 미션과 비전을 실현시키려고 생각하지 않는다. 우주 사
업은 베조스의 개인 사업이 아니다. 실상은 블루 오리진과 아마존, 아
마존 웹 서비스의 삼위일체형 사업이라 할 수 있다.

블루 오리진은 우주여행뿐만 아니라 물자 수송, 위성, 혹성 탐사까지
실시한다는 점을 표방하고 있다. 당분간은 블루 오리진의 킬러 콘텐츠
인 우주여행에 주력하겠지만, 아마존이 인터넷 도서 판매부터 시작해
에브리싱 스토어, 에브리싱 컴퍼니로 전개해간 것과 마찬가지로 우주
여행이라는 틀 안에만 머무르지는 않을 것이다.

2017년에는 초대형 차세대 로켓인 뉴글렌New Glenn으로 프랑스의
통신 위성 운영 회사인 유텔샛Eutelsat의 통신 위성을 운송하는 첫 계약
을 맺었고, 소프트뱅크가 출자한 미국의 소형 벤처 기업 원웹OneWeb에
서도 다섯 차례에 걸친 운송 프로젝트를 수주했다.

아마존은 지구·우주 간 택배 사업과 드론 사업도 구상하고 있는

모양새다. 이미 미항공우주국(이하 NASA)에서는 달 거주를 가능하게 하는 계획을 추진중인데 이를위해 2020년 중반까지 달 거주자에게 비품부터 식료품까지 모든 것을 배송할 수 있는 서비스를 제안한 바 있다. 기회를 읽어내는 재빠른 베조스의 속도감은 여전히 압도적이다.

놀라운 것은 아마존 웹 서비스가 우주 빅데이터와 AI 사업에 착수했으며, 이미 수익화하고 있다는 사실이다.

아직 많은 사람에게 알려지지 않은 내용인데, 아마존 웹 서비스의 홈페이지[이하 내용은 한국 아마존 웹 서비스 홈페이지 https://aws.amazon.com/ko/earth/에서 인용함]에는 '아마존 웹 서비스상의 지구'라고 강조되어 있고 "공개 지리 공간 데이터를 사용해 클라우드에서 지구 규모의 애플리케이션을 구축하십시오"라는 말이 정확히 적혀 있다. 요컨대 기존의 빅데이터와 AI 사업과 마찬가지로 우주 사업을 하려는 개발자에게 아마존이 지구 관측 데이터와 그것을 다루기 위한 플랫폼을 제공하는 사업이다. 다음과 같은 설명도 확인할 수 있다.

연구용 아마존 웹 서비스 클라우드 크레딧은 아마존 웹 서비스상의 지구 관측 데이터를 사용하여 연구를 수행하는 모든 사람에게 제공됩니다. 학생, 교육자 및 연구원은 기술 혁신을 주도하는 핵심축입니다. 아마존 웹 서비스는 각 분야의 새로운 발전을 후원하고자 합니다.

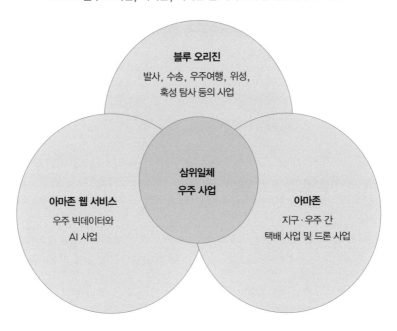

도표 25 블루 오리진, 아마존, 아마존 웹 서비스의 삼위일체 우주 사업

블루 오리진
발사, 수송, 우주여행, 위성,
혹성 탐사 등의 사업

**삼위일체
우주 사업**

아마존 웹 서비스
우주 빅데이터와
AI 사업

아마존
지구·우주 간
택배 사업 및 드론 사업

아마존 웹 서비스 마켓플레이스에는 라우팅, 계획 수립, 예측 모델링 및 매핑에 활용하여 좀 더 풍부하고 의미 있는 솔루션을 제공할 수 있는 수십 개의 지역, GIS 및 위치 기반 애플리케이션이 있습니다. 아마존 웹 서비스 계정에서 지능적 위치 및 매핑 솔루션을 손쉽게 시작하고 주변을 세상의 새로운 눈으로 바라보십시오.

아마존 웹 서비스가 이미 우주 데이터를 수익화하고 있다고 하니 뭔가 황당한 이야기처럼 느껴질 수도 있다. 하지만 클라우드 컴퓨팅의 본질은 고도로, 또 동적으로 하이퍼링크된 데이터베이스다. 아마존 웹 서비스의 공공 클라우드 서비스는 혹성 데이터, 우주 데이터, 위성 데이터에 대한 접근·처리·분석 등을 수행하는 데이터 플랫폼의 지위를 이미 확고히 다지고 있다.

'우주 빅데이터와 AI'의 사업 영역과 클라이언트 업종에는 기상, 농업, 에너지, 건설, 금융, 위험 관리 등이 포함된다.

NASA, 아마존과 손을 잡다

우주 사업과 클라우드 서비스인 아마존 웹 서비스 사업이 어떻게 연결되는지 아직 크게 와닿지 않을 수 있다. 스타트업과 기업, 연구소의 아마존 웹 서비스 실제 사용 사례를 몇 가지 소개한다.

현재 각 기업에서는 위성 데이터를 활용할 때 방대한 데이터량을 취급하는 데 있어 여러 가지로 애를 먹고 있는 것이 현실이다. 그래서 클라우드 서비스를 활용하고자 업계 점유율 1위인 아마존 웹 서비스와 제휴한다.

미국지질연구소와 NASA의 합동 프로젝트인 지구 관측 위성 랜드샛Landsat은 16일마다 약 30미터 해상도로 지구 전체의 이미지를 촬영하고 있는데, 그중 2015년 이후에 촬영된 이미지 전체와 2013년과 2014년의 구름이 없는 것만을 엄선한 이미지를 아마존 웹 서비스상에서 이용할 수 있다. 이 데이터는 농업과 임업, 도시 계획, 재해 복구 등에 활용되고 있다.

미국해양대기청NOAA은 기상 빅데이터를 클라우드 플랫폼으로 제공하는 프로젝트를 론칭해 아마존, 구글, 마이크로소프트 등 다섯 회사와 제휴한다고 발표했다. 현재는 차세대 기상 레이더망인 넥스레드NEXRAD의 실시간 데이터와 아카이브 데이터를 무상 제공하고 있으며, 이 데이터는 폭풍우 예보 등에 활용된다.

일본에서는 지구 관측 시스템인 액셀글로브AxelGlobe를 개발한 우주 벤처 기업 액셀스페이스AxelSpace가 아마존 웹 서비스와 제휴해 위성 데이터를 클라우드상에서 관리하고 이를 공공 데이터화하는 프로젝트에 착수했다.

2017년 4월에는 NASA와 아마존이 협력해 세계 최초로 우주 공간에서 4K 라이브 스트리밍을 선보인 바 있다. 여기에는 아마존 웹 서비스 엘레멘탈Elemental의 인코딩 소프트웨어가 이용되었다. 이로써 일반 시청자도 우주 비행사가 대기권 밖에서 바라보는 지구와 똑같은 아름다운 풍경을 체험할 수 있었다. 라이브 스트리밍은 지금까지 이상으로 실시간 데이터 활용이 진전되었음을 보여준다.

자세한 내용은 뒤에서 설명하겠지만, 전 세계 위성 관련 사업은 지난 10년 동안 2.4배 성장했는데, 그 배경에는 우주로 진출하는 민간 기업의 급증이 있다. 그들의 목적은 위성 시스템 자체와 더불어 위성 데이터라는 빅데이터를 융합해 새로운 서비스를 제공하는 것이다.

일례로 네덜란드 기업 eLEAF는 지구 관측 이미지 등 위성 데이터와 현지 날씨 및 온도 데이터를 조합해 농업과 수자원 관리에 활용하고 있다. 위성 관련 사업 확대와 위성 데이터 활용이라는 트렌드가 지금까지 빅데이터와 AI 사업으로 패권을 장악해온 아마존 입장에서 커다란 비즈니스 기회가 되었음은 자명하다.

우주 공간을 누리는
아마존의 땅의 이로움

우주라고 하면 아득히 먼 장소 혹은 실생활과 동떨어진 공간이라고 생각하는 사람이 여전히 많다. 하지만 오늘날 우주 공간은 육지, 바다, 하늘, 사이버 공간의 뒤를 잇는 새로운 '땅'으로서 중요도가 날로 증가하는 추세다.

베조스가 현 시점에 블루 오리진과 아마존, 아마존 웹 서비스 삼위일체형으로 우주 사업을 강력히 추진하고 있는 이유는 우주 공간에 땅의 이로움과 하늘의 때라는 좋은 조건이 갖춰져 있기 때문이다.

우선 땅의 이로움에 관해 살펴보자. 테크놀로지가 진보함에 따라 우주 공간은 이제 육해공 및 사이버 공간과 나란히 인류의 중요한 활동 영역이 되었다.

군사 전략 전문가인 엘리노어 슬론Elinor Sloan은 저서《현대 군사 전략 입문Modern Military Strategy: An Introduction》에서 이렇게 말한다.

"언뜻 우주 공간이란 단순히 광대한 공간이 펼쳐져 있는 것처럼 보인다. 하지만 자세히 검증하면 물리학 법칙 덕분에 육지나 바다와 마찬가지로 지구의 지리적인 특징에 영향을 받는 경계, 영역화한 환경이라는 점을 알 수 있다."

또 그는 우주 공간을 네 가지로 분류했는데 우주 공간의 잠재력을 알 수 있는 자료이므로 소개한다.

첫 번째는 저고도 궤도다. 지표면에서부터 상공 150~800킬로미터에 펼쳐진 공간으로 지표면을 보기 위한 관측 위성이나 유인 우주비행, 국제 우주 정거장이 위치한 공간이다. 저고도 궤도에 있는 인공위성은 지구를 하루에 14~16바퀴 돈다.

두 번째는 중고도 궤도다. 지표면에서 800~3만 5,000킬로미터까지의 공간을 가리키며 GPS 위성과 같은 인공위성이 돌고 있다. 중고도 궤도에 있는 인공위성은 지구를 하루에 2~14바퀴 돈다.

세 번째인 고고도 궤도는 상공 3만 5,000킬로미터 이상의 공간을 가리키며 이만큼 지구로부터 떨어지면 인공위성의 회전은 하루에 한 바퀴 이내다.

마지막으로 네 번째는 정지 궤도다. 고궤도에 있는 인공위성의 회전 속도가 지구의 자전 속도와 완벽히 같은 경우 지구의 한 점에 정지해 있는 것처럼 보인다.

이처럼 지구에서 4만 킬로미터 떨어진 우주 공간까지 인류의 활동 영역이 되는 셈이다. 《현대 군사 전략 입문》에서는 우주 공간의 활용 분야로 주로 네 가지를 꼽는다. 첫 번째는 우주 정거장과 같은 민간용, 두 번째는 통신과 같은 상업용, 세 번째는 감시 및 정찰과 같은 첩보용, 네 번째는 군사 통신과 탄도미사일 탐지 등의 군사용 분야다.

아마존은 인터넷 세계와 현실 세계에서 땅의 이로움을 얻고 마침내 우주라는 광대한 공간에서도 땅의 이로움을 얻으려고 한다. 왜냐하면 우주는 아마존의 강점인 규모의 이익뿐 아니라 범위와 속도의 이익까지 마음껏 활용할 수 있는 사업 영역이기 때문이다. 아마존이 이제까지 사업을 전개해온 사이버 공간은 우주 공간과의 시너지가 매우 크다. 아마존뿐만 아니라 구글, 페이스북, 애플과 같은 메가테크 기업이 앞다투어 우주 사업에 진출하는 이유가 바로 이 때문이다. 구글은 스페이스 엑스에 10억 달러나 되는 거액의 자금을 출자했고, 애플은 구글 출신의 인공위성 전문가를 영입했다.

메가테크 기업이 무기로 삼고 있는 AI, 사물인터넷, 빅데이터, 사이버 보안은 우주 사업에 새로운 비즈니스 기회와 혁신을 가져다준다.

현재는 우주 인터넷 사업, 우주 공간 빅데이터 사업, 유인 우주여행 사업, 혹성 탐사·혹성 정거장 사업이 주요 시장이다. 앞으로 성장 분야는 우주 인터넷 사업과 우주 공간 빅데이터 사업이다. 더 구체적으로는 소비자 대상 위성 브로드밴드 서비스와 지구 관측(위성 원격 측정 Satellite Remote Sensing) 서비스가 될 것이다.

일본무역진흥기구JETRO의 하치야마 고지八山幸司 연구원이 작성한 보고서 〈미국의 우주 공간 활용 비즈니스 및 IT 관련 동향〉에 따르면, 현재 미국 우주 벤처 기업은 저렴한 소형 위성을 대량으로 쏘아 올려서 전 세계적인 브로드밴드 서비스를 제공할 계획을 추진하고 있다. 기존의 통신 사업자나 케이블 사업자가 독점해온 브로드밴드 서비스 시장 구조를 바꿀 가능성을 내포한다.

위성 원격 측정 시장도 확대 중이다. 전 세계에서 운용 중인 인공위성 수(미국위성산업협회 조사, 2015년 기준)를 살펴보더라도 통신·방송

용도가 절반 이상을 차지하며(51퍼센트), 원격 측정용 위성이 그 뒤를 잇고 있다(14퍼센트).

베조스는 많은 사람이 우주에 살 수 있게 하고 싶다고 말한 만큼 장차 혹성 탐사와 혹성 정거장 사업까지 내다보고 있다. 아마존 웹 서비스가 성장 시장인 원격 측정 서비스를 수익화하고 있는 한편, 블루 오리진은 로켓 발사 사업과 유인 우주여행 사업에 주력하고 있다. 그리 멀지 않은 미래에 우주와 지구 간 택배 사업과 우주 공간 빅데이터 사업도 전개하게 될 것이다.

우주 전쟁은 발발할 것인가

도널드 트럼프 대통령의 등장과 긴장을 늦출 수 없는 국제 사회는 혼미한 상황이 거듭되고 있다. 따라서 각국의 군사력이 자주 언급되는데 군사적으로 볼 때 사이버 공간과 우주 공간의 시너지는 크다. 특히 사이버 보안 기술과 우주 사업에 요구되는 기술은 중복되는 부분이 커서 양쪽은 불가분의 관계에 있다.

예를 들어 중국은 2030년까지 미국과 어깨를 나란히 하는 우주 강국이 되겠다는 계획을 국가 차원에서 추진하고 있는데 최근의 우주 진출 실적은 눈부실 정도다. 2016년 10월에는 유인 우주선 선저우神舟 11호와 우주 실험실 톈궁天宮 2호를 도킹해 우주 비행사 두 명의 실험실 입주를 성공시켰다. 앞으로 2018년에는 달 탐사선, 2020년에는 화성 탐사선 발사가 예정되어 있으며, 2022년에는 중국판 우주 정거장의 운용 개시가 예정되어 있다.

2016년 중국의 우주 사업 60주년을 계기로 몇 가지 전략이 밝혀졌다. 그중 사이버 공간에서 군사적 우위를 확립하기 위한 우주 전략 방침이 언급되었다. 이 말을 증명이라도 하듯 우주 공간의 군사적 이용은 착착 진행 중이다. 2015년에는 공군과 우주 개발을 통합한 우주항공군空天軍을 창설했다.

중국의 우주 전략은 개발 단계에서 실천 단계로 이행했다고도 볼 수 있다. 우주항공군의 임무는 사이버·전자전과 더불어 우주에서 각 군의 작전을 지원하는 것이다. 현대전은 비즈니스와 마찬가지로 정보전이다. 정보전을 지배하려면 정보의 수집과 통신 거점으로서 우주 공간을 지배할 필요가 있다는 인식을 읽을 수 있다.

IT 기업이 우주 비즈니스를
견인하는 시대

2017년은 우주 사업의 여명기였으며 선행자 이익을 획득할 수 있는 하늘의 때였다고 볼 수 있다. 로켓과 초소형 위성은 저가화했고, 카메라와 센서는 소형화·고성능화했다. 더 저렴한 가격에 위성 데이터를 모을 수 있게 되면서 데이터 활용법도 다양해지고 있다.

우주 산업의 시장 규모는 현재 약 30조 원이다. 기존의 우주 관련 기업 이외에도 베조스의 블루 오리진을 비롯해 일론 머스크의 스페이스 엑스 등 다양한 IT 기업과 벤처 기업이 진출함에 따라 우주 산업의 저변이 확대되면서 유례없는 호황을 보이고 있다.

우주 산업 전체의 62퍼센트(2015년 시점)는 위성 산업 매출이 차지한다. 그중에서 매출 규모가 큰 위성 서비스 산업은 소비자 대상 서비스, 고정 위성 통신 서비스, 모바일 위성 통신 서비스, 지구 관측(위성 원격 측정) 서비스 이렇게 네 분야로 구성되어 있다. 아마존이 진출한 위성 데이터 비즈니스는 위성 원격 측정 서비스의 발전과 병행해갈 것으로 보인다. 미국 시장 조사 기관인 글로벌 인더스트리 애널리스트 Global Industry Analysts에 따르면, 전 세계 위성 원격 측정 시장은 2020년까지 26억 달러 규모로 성장할 것이다. 위성을 이용해 촬영된 지구 데이터는 기상 예보, 재해 대책, 농업·토지 관리 계획 등 다양한 업계에서 이용되고 있다. 앞서 설명했듯이 이미 아마존 웹 서비스의 대상 사업 영역이기도 하다.

언론에서는 블루 오리진과 스페이스 엑스와 같이 로켓 개발 및 발사 사업을 하는 기업의 동향이 훨씬 눈에 띈다. 그러나 민간 투자자와 벤처 캐피털은 사실 위성 데이터 비즈니스 기업에 더 많은 투자를 하고 있다. 현재 우주 산업의 성장을 가속시키고 있는 것은 IT 기술이자 IT 기업이라 해도 과언이 아니다.

기술 대국 이스라엘에서 접한
우주 산업의 미래

이스라엘 리더십 프로그램에 참가했을 때, 여러 모임을 가졌는데 그중에서 이 장과 관련해서는 기술 대국 이스라엘 R&D 연구 기관의 최고봉인 바이츠만 과학 연구소에서 열린 세미나 내용을 소개한다. 이곳에서 나는 이스라엘 하이테크 분야 성공신화의 상징인 아디 샤미르Adi Shamir 박사와 모임을 갖고 강의에 참석했다.

아디 샤미르 박사는 사이버 보안의 대표 기술인 RSA 암호 알고리즘 개발자 중 한 명이며, 현재는 자신이 과학자로 성장하는 데 발판이 된 바이츠만 과학 연구소에서 교수로 근무하면서 청년 육성과 연구에 힘쓰고 있다. 2017년 2월 일본과 이스라엘 양국 간 투자 협정 조인에 앞서 이스라엘 과학자로서는 처음으로 국제과학기술재단의 일본 국제상을 수상한 인물이기도 하다.

샤미르 박사에게 이스라엘의 주목할 차세대 기업에 관해 물어봤더니 다음과 같은 예측을 들려주었다.

"이제는 기존 고속도로와 같은 입체적인 나들목이 아닌, 신호등이 없는 일반 도로의 교차로를 자동차가 빠른 속도를 유지한 채 오갈 수 있습니다. 즉 고속도로에서 나들목이 불필요해지는 수준까지 자율주행 기술의 실용화가 이루어진 가운데, 위치 정보 기술과 AI, 사물인터넷이 교차하는 자율주행 분야, 더불어 이와 뗄 수 없는 관계에 있는 사이버 보안이 중요해졌습니다. 같은 이유로 우주 산업 분야와 같은 최첨단 메가테크 산업 분야에서는 각각의 최첨단 테크놀로지와 밀접한 관계에 있는 사이버 보안이 향후 가장 주목받는 세그먼트가 될 것입니다.”

즉, 자율주행 혹은 우주 항해 중에 사이버 공격을 받으면 충격과 피해가 매우 크기 때문에, 앞으로는 사이버 보안 분야가 더욱 중요하다는 점을 지적한 것이다. 떨어진 장소에서 운전 중인 자율주행 자동차나 항해 중인 우주선을 해커가 공격한다면 중대한 사고를 초래할 수 있다. 우주 산업 분야는 물론 사이버 공격을 방어하는 독창적인 사이버 보안 기술 개발에서 앞서가고 있는 국가가 바로 이스라엘이다.

실제로 군사 대국이기도 한 이스라엘에서는 군사 기술, AI와 사물인터넷 등의 최첨단 기술, 우주 산업 기술이 중첩된 영역으로 인식되고 있다. 우주 비즈니스는 민간에서 참여하는 스타트업이 많은 분야이기도 하다. 아디 샤미르 박사가 소속된 바이츠만 과학 연구소에서는 젊은 과학자가 목성에 가기 위한 미션을 실현하기 위해 실험을 반복하고 있다고 한다.

이스라엘은 정치·종교·신념이 서로 다른 국가들에 둘러싸여 있는 혹독한 환경 속에서 군사 기술을 최첨단 수준까지 높일 필요성에 대한 압박을 받아왔다. 그런 가운데 군사 기술의 중심축이 지상 및 공중에서 사이버 영역, 나아가 우주로 확장되리라는 것을 다른 나라보다 앞서 예측했다. 이로 인해 사이버 보안 분야에서 미국마저 능가하는 지위를 확보할 수 있었다.

최근에는 우주와 사이버 공간이 교차하는 영역으로 우주 시스템 (인공위성과 우주선, 통신 시스템, 지상국 포함)에 대한 사이버 보안이 중요한 분야가 되었다. 시공이라는 맥락에서 이스라엘은 드론 대국이기도 하다. 앞서 우주 사업과 드론 사업 모두 본질은 무인 시스템이라고 언급했다. '지'에서 중요한 부분인 위치 정보는 군사적으로 기밀 정보이며 개인정보를 특정하는 위력이 있다는 점을 강조해둔다.

베조스가 주력하는 영역과 이스라엘이 강점을 보이는 영역이 상당 부분 일치한다는 점을 알 수 있다. 이는 베조스와 이스라엘이 모두 하늘의 때와 땅의 이로움을 초장기적 관점으로 생각하고 초고속으로 PDCA를 회전시켜온 결과다.

이 장의 마지막으로 이스라엘의 혁신 비결로부터 배워야 할 점에 관해 살펴보자. 최근 기술 대국으로 주목받고 있는 이스라엘은 실제 국토 면적이 한국의 1/4 정도, 인구는 1/6 정도 되는 작은 나라다. 육지의 외딴 섬이자 소국이기도 한 이스라엘은 스타트업 대국을 지향하는 과정에서 애당초 세계 시장을 목표로 하지 않으면 살아남을 방법이 없었다. 정치, 종교, 신념이 서로 다른 국가들에 둘러싸여 있다는 위기감과 처음부터 세계 시장을 노리지 않으면 생존이 불투명하다는 가혹한 비즈니스 환경이 이스라엘 혁신의 원천이 되었다.

하버드 대학교의 존 코터John Kotter 명예교수는 커다란 변혁을 실행할 때 가장 먼저 필요한 것은 조직적으로 위기감을 조성하는 것이라고 지적한다. '여기서 하지 않으면 어떻게 될 것인가?'라는 단순한 문제에 관해 논리적이고 감정적으로 접근해서 '여기서 하지 않으면 돌이킬 수 없는 치명적인 결과를 초래할 것이다'라는 점을 의식과 잠재의식 양쪽 차원에서 인식하는 것이 커다란 변혁을 실현하는 데 필수적이라는 것이다.

오늘날처럼 변화가 크고 극심한 시대에는 위협을 기회로 포착하는 문제의식과 위기감이야말로 혁신의 원천이다.

아마존의 경이로운
리더십과 매니지먼트

제프 베조스의
초고속 PDCA

5요소 분석법에서 '장'과 '법'은 각각 리더십과 매니지먼트에 해당한다. 앞서 설명했듯이 리더십과 매니지먼트는 전략을 실행하는 양대 축이다. 리더십은 사람에게 직접적으로 동기를 부여하거나 전략 실행을 지원한다. 한편 매니지먼트는 시스템과 규정으로 전략을 실행한다는 특징이 있다([도표 26] 참조).

이번 주제에서 무엇보다 먼저 초점을 맞춰야 할 대상은 아마존의 창업자인 제프 베조스라는 인물이다. 리더십과 매니지먼트를 파악하려면 해당 기업 경영자의 셀프 리더십과 셀프 매니지먼트가 매우 중요하기 때문이다.

베조스는 6시그마[고객에 초점을 맞추고 데이터에 기반을 둔 품질 경영 혁신 방법론]로 대표되는 정밀한 경영 관리 및 빅데이터 분석 등 논리적인 경영에 능한 냉철한 경영자다. 다른 한편으로는 비전가로서 높이

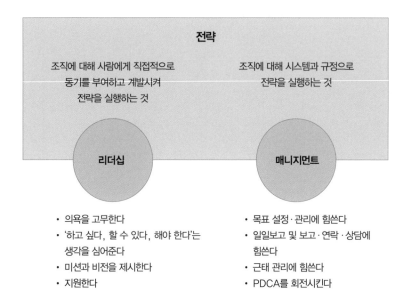

도표 26 리더십과 매니지먼트로 전략을 실행한다

전략

조직에 대해 사람에게 직접적으로
동기를 부여하고 계발시켜
전략을 실행하는 것

조직에 대해 시스템과 규정으로
전략을 실행하는 것

리더십

매니지먼트

- 의욕을 고무한다
- '하고 싶다, 할 수 있다, 해야 한다'는 생각을 심어준다
- 미션과 비전을 제시한다
- 지원한다

- 목표 설정·관리에 힘쓴다
- 일일보고 및 보고·연락·상담에 힘쓴다
- 근태 관리에 힘쓴다
- PDCA를 회전시킨다

평가받으면서 미래지향성이 풍부하고 창조력이 탁월한, 열정 넘치는 경영자이기도 하다.

제1장에서 아마존의 '도'에 관해 언급했듯이, 베조스는 앞으로 찾아올 미래를 선명하게 그려낸 초장기적 관점과 이를 실현하기 위한 초장기적 목표로부터 역계산해 초고속 PDCA를 게을리 하지 않고 사업을 전개해왔다. 애초에 1996년 인터넷 서점으로 아마존을 출범시킨 것도 인터넷 판매 시장에서 최초로 정착할 상품은 책이 될 것임을 확신하고 실현을 향해 필요한 시스템을 현실로 그려낸 것이 계기가 되었다. 아마존의 대전략을 해석할 때 베조스의 리더십 분석이 필수적이라는 점은 두말할 나위도 없다.

아마존의 매니지먼트 또한 베조스의 인격과 분리하기 어렵게 결부되어 있다. 아마존의 기업 문화로 자리 잡은 초고속 PDCA는 '빨리 실패해서 빨리 개선하는' 경영을 실현함으로써 우리의 상식을 초월하는 진화 속도와 충격을 가져다주었다.

이익률을 낮추는 매니지먼트 역시 아마존이 급성장한 비결이다. 낮은 이익률은 고객 환원율이 높다는 증거이며, 저가이면서 편의성이 높은 서비스는 많은 고객을 모으는 한편 이익률이 낮기 때문에 경쟁사가 진입하기 어려운 구조를 형성한다.

독점 금지법이라는 관점에서는 약탈적 덤핑으로 보일 법한 시장 점유율 지상주의다. 다만 그 이면에는 아마존의 미션과 비전에서 기인한 철저한 고객 중심주의가 있다.

베조스는 초장기적 관점을 아마존의 중요한 가치관 중 하나로 내걸고 초장기적 관점에서 비즈니스를 설계함과 동시에, 목표로부터 역계산해 지금 여기서 해야 할 일을 명확히 규정하고 초고속으로 PDCA를 회전시킨다. 앞서 설명했듯이 100년 단위로 하루를 다시 보는 초장기 및 초단기 조합을 사업화하고 있는 기업이 바로 아마존이다.

이번 장에서는 베조스의 냉철하고도 열정적인 리더십과 매니지먼트를 분석해보고, 이익 재투자 전략의 배경과 그 진의를 살펴본다.

제프 베조스는 화성인인가

아마존의 CEO인 제프 베조스는 대체 어떤 인물일까? 앞에서 이야기했듯이 나는 베조스를 이해하고자 베조스의 공개된 동영상을 모두 찾아보고, 베조스의 발언 내용을 직접 인용해놓은 자료도 모두 훑어보았다. 특별히 여기서는 베조스를 이해하기 위해 지금까지 출판된 아마존 관련 책 중에 베조스를 설명한 다양한 표현을 소개하고자 한다. 특히 여기 인용한 표현은 그를 잘 알고 있는 인물들이 한 말이기 때문에 베조스를 이해하는 데 많은 도움이 될 것이다.

- 똑똑하게 일하고, 열심히 일하며, 오래 일한다.
- 냉정한 안목을 소유한 총명한 남자.
- 이상하리만치 머리가 좋고 박식해서 거의 외계인이다.
- 같은 대화 주제가 자주 반복되는 경우가 잦은데, 이를 두고 아예 '제프 이즘Jeffism'이라고 부르는 사람들도 있다. 몇몇 주제는 벌써 10년 이상 회자된다.
- 사원에게는 압력을 가하고 사외에는 규모를 무기 삼아 협상한다.

  《아마존, 세상의 모든 것을 팝니다》 중에서

- 바보 같은 웃음을 가진 근사한 남자.
- 그는 '친절한' 타입은 아니었어요. 저는 그를 좋아했지만 그는 다정다감

과는 거리가 먼 사람이에요. 비판하려는 의도는 절대 아닙니다. 뭐랄까, 화성인 같다는 느낌도 들었습니다. 물론 좋은 의미의 화성인이에요.

- 그는 의욕을 불어넣으며 감언이설로 상대를 설득하기도 하지만 때로는 상대의 화를 돋우거나 심하게 비난하기도 한다. 그는 큰 그림을 볼 줄 알지만 때로는 사소한 부분까지 감독하고 챙겨 직원들에게 스트레스를 준다. 또 감정의 변덕이 심하고, 똑똑한 머리의 소유자이며, 쉽게 만족하지 못하고 직원들에게 많은 것을 요구한다. 그의 밑에서 일한 어떤 직원은 그를 열렬히 좋아하고, 어떤 직원은 그를 심각한 결점의 소유자라고 평가한다. 하지만 지속력 있는 기업을 만들 줄 아는 훌륭한 비전가라는 점에 대해서만큼은 모두가 고개를 끄덕이는 듯하다.
- 한 걸음씩 용감하게

《원클릭》 중에서)

여기까지 읽고 알 수 있는 특징 중 하나는 극단적인 인간성이다. 커다란 비전을 계속해서 좇는 초장기적 관점과 현장에서 PDCA를 초고속 회전시키는 초단기적 관점, 혹은 음과 양의 모습이 떠오른다. 친근한 것 같다가도 심하게 비난하는 모습은 외계인 혹은 화성인이라 평가될 만큼 보통 인물은 아니다.

베조스의 또 한 가지 특징은 매우 우수한 인물임과 동시에 훌륭한 비전가라는 점이다. 하나의 비전 아래서 철저히 일하는 까닭에 존경받는 반면, 때로는 도가 너무 지나쳐 주위에서 거부감을 느끼는데도 개의치 않고 끝까지 해낸다. "지속력 있는 기업을 만들 줄 아는 훌륭한 비전가라는 점에 대해서만큼은 모두가 고개를 끄덕이는 듯하다"라는 표현이 상징적이다. 상장 기업을 컨설팅한 경험을 비추어봤을 때 베조스의 특징은 자신의 기업을 초거대 기업으로 키워낸 경영자들의 면모와 일치한다. 어떤 고난이든 극복해서 끝까지 해내고, 자신이 미션과 비전으로 내건 고객 중심주의를 결코 타협 없이 모든 사업에서 관철해내는 것. 이는 평범한 사람이 할 수 있는 일은 아니다.

베조스로 대표되듯이, 대부분의 성공한 사업가나 경영자에게서 보이는 공통점은 일상 업무(루틴)를 소중히 여기고 미션과 비전을 중요하게 여기는 것이다. 커다란 실적을 올리는 뛰어난 경영자는 100년과 같이 초장기적인 단위로 자신의 미션을 생각한다.

혼자서 다 그릴 수 없는 커다란 원을 생각하고 자신은 원 중의 일부 호弧밖에 맡을 수 없더라도 뒤를 이을 사람에게 나머지를 부탁해 모든 구성원이 전체 원을 완성시킨다. 베조스는 이런 발상과 미션을 지녔기 때문에 커다란 사업을 성공시킬 수 있었다. 이러한 관점은 인생 100세 시대를 맞이한 오늘날 더 중요한 관점이 될 것이다.

AI란 외계지능을 획득하는 것

스위스의 경제학자이자 세계 경제 포럼(다보스 포럼)의 창시자이기도 한 클라우스 슈밥Klaus Schwab 박사는 2016년 1월 개최된 다보스 포럼에서 〈일의 미래〉라는 보고서를 발표했다. 보고서에는 AI, 로봇 기술, 바이오 테크놀로지의 발전으로 5년 이내에 약 500만 개의 일자리가 사라질 것이라는 충격적인 내용이 담겼다.

똑같은 내용이 담긴 연구 보고가 여럿 공개되어 일본에서도 커다란 화제가 되고 있지만, 사람들은 아직 먼 훗날의 이야기라는 반응을 보인다. 그러나 이미 AI의 위력을 현실로 체감 중인 미국인들은 강한 위기감을 느끼고 있다.

예를 들어 IBM의 왓슨이라는 AI형 컴퓨터는 의료 기관에 도입되어 진단과 치료 계획에 활용되고 있다. 법률 분야에서는 재판 전 준비에 컴퓨터가 사용됨으로써 변호사 비서 업무를 대체하고 있다.

사실 지적인 업무일수록 AI에 빼앗기기 쉽고 어중간한 전문성만으로는 통용되지 않을 우려가 있다. 확실한 미션과 비전 없이 그저 막연하게 업무를 한다면 언젠가 인간의 일자리를 빼앗기기 쉽다.

반면 제4차 산업혁명의 긍정적인 면은 불확실성을 높여 개개인에게 기회를 가져다준다는 것이다. 예전이었다면 벤처 기업이 로켓을 쏘아 올린다는 것은 상상할 수도 없었다. 단 한 사람이 세계 100개국에 물건을 파는 일 또한 불가능했을 것이다. 모두 테크놀로지와 인터넷의 발달에 의한 수혜다.

사실 천연자원이 없는 나라일수록 사물인터넷이 매우 효과적이다. 장인의 기술에 테크놀로지를 접목하면 부가가치는 더욱 높아지고 자국의 기술·서비스를 확장시킬 수 있다. 지금껏 기회를 잡지 못했던 중소기업이 전 세계를 상대로 비즈니스를 전개할 수도 있다.

AI라는 맥락에서 강조하고 싶은 대목은, 이제 AI란 인공지능이 아닌 외계지능을 의미하고 있다는 점이다. 미국 IT 잡지 〈와이어드Wired〉의 창간 편집장이자 미국 테크놀로지 업계에 지대한 영향력을 행사하는 케빈 켈리Kevin Kelly는《향후 인터넷에서 벌어질 피할 수 없는 12가지 일들これからインターネットに起こる〈不可避な12の出来事〉》[케빈 켈리의《인에비터블 미래의 정체The inevitable》를 일본어로 번역한 핫토리 가쓰라가 요약본으로 재구성해서 낸 책으로 일본어판만 존재한다] 중에서, AI라는 말은 인공지능Artificial Intelligence이 아니라 인간과는 전혀 다른 발상을 하는 지능인 외계지능Alien Intelligence의 약자로 보아야 한다고 말한다.

켈리는《인에비터블 미래의 정체》에서, AI가 인간의 일자리를 빼앗느냐 마느냐 하는 논의에 시간을 낭비해서는 안 되며, 우리가 할 일은 다른 사고를 하는 기계를 만들어내고 이질적인 지성을 창조하는 것이라고 말한다. 즉 AI 시대에서 사람의 일이란 이질적인 이성을 창조하는 것이다. 같은 맥락에서 화성인 같은 광기의 경영자 제프 베조스의 경쟁 우위가 선명해진다.

AI 시대에는 미래를 창조하는
힘이 가장 중요

AI 시대에는 미래를 창조하는 힘, 즉 스스로 과제나 문제를 찾아내 해결책을 이끌어내는 힘이 필수적이다. 물론 이런 힘을 갖추기가 쉽지는 않다. 예전에 내가 외국계 기업에 근무할 당시 함께 일했던 미국인 상사는 늘 이렇게 지적했다.

"주어진 문제는 잘 해결하지만 스스로 문제를 설정하는 능력은 부족하다."

그 미국인 상사는 일본이 버블 붕괴 후 장기 침체에 빠진 주된 요인이 과제 설정 능력 부족이라고 주장할 정도로 과제 설정 능력의 중요성을 역설했다.

"예전에는 서양 기업이 설정한 목표를 자신의 목표로 삼아 열심히 따라가기만 해도 경쟁력이 있었지만, 스스로 미래 목표를 설정해야 하는 요즘 시대에 그런 기업은 국제 사회에서 뒤처질 수밖에 없다."

그 미국인 상사가 날린 신랄한 코멘트가 아직도 강렬한 기억으로 남아 있다. 실제로 크리티컬 싱킹을 배울 기회가 많지 않은 대부분의 일본인들은 과제나 문제 설정이 능숙하지 못하다.

비판적 사고법이라고 불리는 크리티컬 싱킹은, 현 상황에서 과제를 찾아내고 상황을 분석한 뒤에 해결할 가설을 세우고 검증하고 실행하는 것을 뜻한다. 여기에는 논리적 사고가 요구되는데, 최종적으로는 주어진 문제의 해결뿐만 아니라 스스로 합리성 높은 문제나 과제를 설정해 그 해결책을 찾아낼 수 있도록 생각하는 것이 크리티컬 싱킹이다.

크리티컬 싱킹에서 스스로 과제나 문제를 설정하는 것을 가리켜 '이슈를 제기하다', '논점을 제기하다'라고 한다. 업무를 할 때는 문제를 해결하는 것이 중요하다. 신입 사원 시절이라면 상사나 선배가 자신이 풀어야 할 문제를 할당해줄 수도 있다. 하지만 관리직으로 올라갈수록 업무상 몰입해야 할 문제나 과제는 스스로 생각하고 스스로 해결해야 할 필요성이 높아진다.

현실적으로 많은 업무가 AI로 대체되는 시대가 도래한 오늘날이야말로 논점을 제기하는 능력은 더욱 중요해졌다. 물론 나중에는 논점을 제기하는 능력조차 AI로 대체될 수 있다. 그러나 인간, 특히 경영자나 조직의 리더에게 가장 마지막까지 남아 있을 업무는 AI의 업무와 엄격히 구별되는 '논점을 제기하는 능력'을 살린 업무가 될 것이다. 논점을 제기하는 능력을 살린 업무야말로 AI 시대의 업무라 해도 과언이 아니다. 케빈 켈리도 이렇게 말했다.

"아마존은 응답에 특화해 있으며, 인간은 더욱 좋은 질문을 장기적으로 만들어내는 데 노력을 기울여야 한다."《향후 인터넷에서 벌어질 피할 수 없는 12가지 일들》)

크리티컬 싱킹에서는 논점을 세우는 능력과 장기적 목표를 설정하는 능력을 동일한 능력으로 본다는 점이 가장 중요하다. 실제로 크리티컬 싱킹 과정에서는 맨 처음에 목표나 전제를 정의하고, 다음에는 무엇이 문제인지를 명확히 하며, 마지막에 대책을 강구한다. 목표나 전제를 정의하는 과정은 장기적인 목표를 설정하는 과정과 동일하다. 더욱이 사람과 조직이 제대로 몰입해야 할 과제를 명확히 설정하기 위해서는 평소에 문제의식을 높이고 전체 형세를 살피며 본질을 간파하는 능력이 반드시 필요하다.

'자신과 자신의 조직에는 지금 무엇을 물어봐야 하는가?', '자신과 자신의 조직에서는 지금 무엇에 대답을 내놓아야 하는가?'라는 관점은 장기적인 목표를 설정하는 관점과 동일하다.

아마존에서 길러지는 업무 능력은 미래를 창조하는 힘이고, 논점을 제기하는 힘이며, 장기적인 목표를 설정하는 힘이다. 모든 능력은 같은 스킬 세트다. 미래를 창조하는 능력에는 논점을 제기하고 해결에 이르는 길을 생각하는 구상력, 이를 위한 장기적인 목표 설정이 필수적이다.

자신을 리드하는
셀프 리더십

베조스가 지닌 리더십의 특징 중 하나는 비전가형 리더십이라는 점이다. 비전의 창조와 실현이 가장 중요한 요건으로, 가슴 두근거리면서 저절로 참여하고 싶어지는 미래상을 그려내 구성원에게 제시하는 리더십 유형이다. 설령 인간적으로 어울리기 어려운, 마치 화성인과 같은 경영자일지라도 사람을 매료시켜 비전 실현을 향해 사람을 움직이게 만들 수 있다.

한편 아마존이라는 조직 차원에서는 셀프 리더십을 근저에 두고 있다. 아마존에서는 임직원 개개인이 리더이며 자기 자신에게 리더십을 발휘하는 것이 리더십의 가장 중요한 정의라고 여긴다.

미국의 리더십론을 보면 리더십에는 셀프 리더십, 팀 리더십, 소셜 리더십, 글로벌 리더십의 4단계가 있다.

글로벌 리더십은 비즈니스와 경제 사회의 글로벌화에 따라 더욱 넓은 시야로 보는 리더십이 필요해졌다는 이유로 최근 주목받고 있다. 글로벌 리더십이 확립되려면 먼저 사회와 지역의 리더십인 소셜 리더십이 확립되어야 하며, 소셜 리더십이 확립되려면 기업과 조직의 리더십인 팀 리더십이, 팀 리더십이 확립되려면 개개인의 셀프 리더십이 확립되어야 한다는 것이 최근 리더십론의 개략이다.

셀프 리더십이란 자기 자신을 리드하는 방법이다. 쉽게 말해 본인의 기분을 조절하는 방법이라고 한다면 쉽게 와닿을 것이다. 자신을 분발시켜 어떤 목표를 향해 다가가거나 인도해가는 것, 자기 자신에게 리더십을 발휘하는 것이 셀프 리더십이다. 구성원 각자가 자신에게 셀프 리더십을 발휘할 수 있게 지원하는 것이야말로 진정한 리더십이다.

나는 미국에서 MBA를 취득할 때 리더십론을 배웠다. 필수 과목이었는데 1년간에 걸쳐 배운 리더십론은 거의 80퍼센트가 셀프 리더십에 관한 내용으로 채워져 있었다. 그만큼 셀프 리더십은 리더십 전체 중에서 중요하고 어려운 부분이다.

뒤에 설명할 아마존의 리더십 원칙 14계명에서는 팀을 이끄는 관리직이나 매니저만이 리더십을 발휘하는 것이 아니라 구성원 각자가 자기 자신을 리드해가는 셀프 리더십을 요구한다. 따라서 상위 리더에게는 팀 구성원 각자가 자신에 대해 리더십을 발휘할 수 있도록 지원하는 역할을 기대한다.

아마존에는 왜
혁신적인 사람이 모이는가

이번에는 하향식 리더십과 상향식 리더십이라는 두 가지 리더십 유형에 대해 알아보자.

하향식 리더십이란 조직이 제시한 미션, 비전, 핵심 가치, 전략을 현장까지 침투시켜가는 리더십이다. 이때 조직의 리더가 어떤 사명감과 문제의식을 갖고 있느냐, 혹은 어떤 세계관, 인간관, 역사관을 갖고 있느냐가 가장 중요하다. 베조스는 매우 뛰어난 하향식 리더십을 지닌 경영자다.

상향식 리더십은 주로 전략과 계획을 실행하는 단계에서 요구되는 리더십이다. 실제로 전략을 실행하는 단계에서 일일이 하향식으로 지시를 내린다면 시간이 아무리 주어져도 모자랄 것이다. 이런 경우에는 현장에 어느 정도 권한을 위임해 자율적으로 사람을 움직이는 상향식 리더십이 효과적이다. 이때 최고경영자의 역할은 지시와 명령을 내리는 것이 아니라 현장까지 내려가 구성원을 신뢰하고, 이해하며, 지원하는 것이다.

베조스를 프로파일링하면 하향식 리더십에는 뛰어나지만 상향식 리더십은 서툰 유형의 경영자다. 이렇게 본다면 리더십 원칙 14계명에서 베조스가 셀프 리더십을 장려하고 스스로 움직이게 하는 방식으로 구성원을 지도하는 것은 본인의 상향식 리더십 부족을 보강하기 위한 방책일 수 있다. 베조스는 냉정하게 본인의 강점과 약점을 파악하고 있다는 점에서도 뛰어난 셀프 리더십의 소유자라 할 수 있다.

지금까지 베조스와 아마존의 리더십 스타일을 소개했다. 아마존의 리더십이 전적으로 훌륭하고 최고는 아니다. 현실적으로는 조직 문화나 역사, 기업이 처한 상황, 경영자의 자질이나 구성원의 능력에 따라 최적의 리더십 형태는 얼마든지 달라진다.

분명 비전가형 리더십이나 뒤에서 설명할 리더십 원칙 14계명은 아마존처럼 혁신을 추구하고 급성장을 지속하는 기업에는 적합할 수 있다. 그러나 예를 들어 이미 성숙한 대기업이 아마존의 리더십 스타일을 그대로 수용하려고 했다가는 피폐해지기만 할 뿐이다.

다만 혁신을 계속 일으키는 기업에는 남에게 미움을 받더라도 끝까지 해내는 베조스의 자세가 긍정적으로 기능할 것이다. 베조스는 상당히 개성 뚜렷한 경영자이며, 상향식 리더십에 관한 한 탁월하다고 볼 수는 없지만, 훌륭한 비전가이므로 많은 사람을 끌어들일 수 있다.

아마존이 급성장을 이룩하고 있기 때문에 성장하고 싶고 배우고 싶은 의식을 공유할 수 있는 혁신적인 멤버가 많이 모여들었다. 이런 조건이 마련되어 있는 이상 아마존의 리더십 스타일은 현재 아마존이 전개하는 비즈니스에 매우 적합하다고 볼 수 있다.

베조스의 비전가형 리더십에 공감하고 함께 새로운 미래를 개척해가고 싶은 가치관을 지닌 혁신적인 사람을 끌어들이고 있는 곳이 바로 아마존이다.

아마존의 리더십 원칙
14계명

　　　　　　아마존은 임직원이 갖추어야 할 '리더
십을 리더십 원칙 14계명'으로 정리하고 있다.

　앞서 설명했듯이 셀프 리더십을 매우 중시한다는 점이 명백한 특징
이다. 팀을 이끄는 일부 관리직만 리더십을 발휘하는 것이 아니라 현
장의 임직원 각자가 리더십 원칙 14계명을 기준으로 행동하고 자기 자
신을 채찍질하는 리더가 되어야 한다는 의식이 밑바탕에 깔려 있다.
지금부터 하나하나 살펴보도록 하자.

1. 고객에 대한 집착Customer Obsession

　리더는 고객의 관점에서 생각하고 행동해야 한다. 고객에게 신뢰를
얻고 유지하기 위해 전력을 다해야 한다. 리더는 경쟁사에 신경을
써야 하지만, 무엇보다 고객을 중심으로 생각하는 데 집착해야 한다.
아마존의 미션과 비전인 고객 중심주의와 일맥상통하는 표현이기 때
문에 가장 중요한 항목이다.

2. 주인의식Ownership

　리더에게는 주인의식이 필요하다. 리더는 장기적인 시야로 생각해
야 하며, 단기적인 결과를 위해 장기적인 가치를 희생해서는 안 된다.
리더는 자신의 팀뿐만 아니라 회사 전체를 위해 행동해야 한다. 리더

입에서 "그건 내 업무가 아니다"라는 말이 절대로 나와서는 안 된다.

3. 발명하고 단순화하라 Invent and Simplify

리더는 팀에 혁신과 창조를 요구해야 하며, 늘 심플한 방법이 없는지를 모색해야 한다. 상황의 변화를 예의주시하고, 모든 곳에서 새로운 아이디어를 찾아내야 한다. 본인들이 만들어낸 것에 국한된 이야기가 아니다. 리더는 새로운 아이디어를 실행하는 데 있어 오랜 기간에 걸쳐 외부에 오해를 살 수 있는 일이더라도 그것을 받아들여야 한다.

4. 항상 정확하고 옳아야 한다 Are Right, A Lot

리더는 모든 상황에 올바르게 판단해야 한다. 강력한 판단력과 더불어 경험에 기반을 둔 직감을 갖추어야 한다. 다양한 사고방식을 추구하고, 자신의 생각을 반증하는 데 거리낌이 없어야 한다.

5. 자기계발 Learn and Be Curious

리더는 끊임없이 배우고 자기 자신을 향상해야 한다. 새로운 가능성에 호기심을 갖고 실제로 그것을 행동으로 옮겨야 한다.

6. 최고를 채용하고 육성한다 Hire and Develop The Best

리더는 모든 채용과 승진에 참고가 되는 성과의 기준을 끌어올려야 한다. 뛰어난 재능을 가진 인재를 발굴해서, 조직 전체를 위해 능동적으로 활용해야 한다. 리더는 다른 리더를 육성하고 지도하는 데 진지하게 노력해야 하며 모든 구성원을 위해 새로운 성장 매커니즘을 창출해야 한다.

7. 최고 수준 추구Insist on the Highest Standards

리더는 남들이 터무니없다고 생각할 정도로 높은 수준을 추구해야 한다. 끊임없이 본인이 추구하는 수준을 끌어올려야 하고, 팀이 더욱 품질 높은 제품과 서비스, 프로세스를 실현할 수 있도록 촉구해야 한다. 리더는 결함 있는 제품을 다음 공정으로 내보내서는 안 되며, 문제를 확실히 해결하여 같은 문제가 재차 발생하지 않도록 개선책을 마련해야 한다.

8. 크게 생각하라Think Big

좁은 시야로 생각하면 커다란 결과를 얻을 수 없다. 리더는 대담한 방침과 방향성을 마련하고 제시함으로써 성과를 끌어내야 한다. 고객에게 이바지하기 위해 기존과 다른 새로운 관점에서 모든 가능성을 모색해야 한다.

9. 신속하게 판단하고 행동하라Bias for Action

비즈니스는 속도가 생명이다. 대부분의 의사결정과 행동은 나중에 바로잡을 수 있으므로 거창한 분석과 검토는 불필요하다. 리더는 예측 가능한 위험을 감수하는 것도 중요하다.

10. 근면 절약Frugality

리더는 더 적은 자원으로 더 많은 것을 실현해야 한다. 절약 정신은 창의적 아이디어, 자립심, 발명을 만들어내는 원천이다. 직원 수, 예산, 고정비는 많다고 좋은 것이 아니다.

11. 신뢰를 구축하라Earn Trust

리더는 주의 깊게 듣고, 솔직하게 말하며, 구성원을 존경심으로 대해야 한다. 잘못이 있다면 내키지 않더라도 솔직하게 인정해야 하며, 자신과 팀의 잘못을 그냥 넘어가서는 안 된다. 항상 자신과 팀을 최고 수준에서 비교 평가해야 한다.

12. 깊게 빠져들어라Dive Deep

리더는 모든 수준의 업무에 관여하고, 항상 세부 내용을 파악해 현황을 수시로 감시하며, 지표와 개별 사례가 일치하지 않는다면 의문을 제기해야 한다. 모든 업무에 가치가 있다고 여기고 관심을 기울여야 한다.

13. 명확한 기준—반대하고 받아들여라Have Backbone; Disagree and Commit

리더는 찬성할 수 없는 사안에는 정중하게 이의를 제기해야 한다. 번거롭고 피곤하겠지만 예외는 있을 수 없다. 리더는 신념을 가져야 하며 금방 포기해서는 안 된다. 쉽게 타협해 한통속이 되어서는 안 된다. 다만 논의 끝에 일단 결정이 내려졌다면 결정에 전념하고 몰두해야 한다.

14. 결과 도출Deliver Results

리더는 비즈니스상의 핵심 투입에 초점을 맞추고, 이를 신속하게 실행해 결과를 내야 한다. 설령 어려운 일이 생기더라도 당당하게 맞서야 하며 결코 타협해서는 안 된다.

타협 없이 논의하고, 결정되면 받아들여라

베조스는 현장의 모든 임직원들이 이러한 리더십 원칙하에 행동할 것을 요구한다. 전체를 훑어보면 상당히 강렬한 내용이다. 모든 임직원이 똘똘 뭉쳐야 한다는 예전의 동양적 기업관이 느껴져 오늘날 미국 회사치고는 분명 이질적이다.

특히 13번째 항목인 '명확한 기준—반대하고 받아들여라Have Backbone; Disagree and Commit'라는 항목은 독특하다. 베조스는 쉽게 합의하지 말고 의견이 있으면 타협 없이 논의해야 하며 그럼에도 일단 결정이 되었다면 받아들이라고 말한다.

이 항목을 좋게 해석한다면 상사나 부하와 같은 직위에 관계없이 자기 의견을 말할 수 있는 회사, 원활한 소통 덕분에 성장하는 회사라는 평가가 가능할 수 있다. 반면에 오늘날처럼 수용과 공감을 중시하는 커뮤니케이션과는 질적인 면에서 상당히 다른 행동 지침이다. 요즘 미국에는 상대방의 의견을 우선 받아들이고 나서 자신의 의견을 말하는 '예스 앤드Yes, and'식 대화법이 퍼져 있으며, 이는 다양성을 중시하는 트렌드로 보더라도 바람직한 대화법으로 인식되고 있다. 원래 미국인은 일본인에 비해 자신의 의견을 적극적으로 말하는 경향이 있지만 최근에는 팀워크를 보다 중시하고 있다.

그럼에도 베조스는 반대를 할 것이라면 제대로 하고 반대 의견이 나오면 숫자와 열정을 무기 삼아 설명하라고 강조한다. 예스 앤드식 대화법에 익숙해진 직장인이 아마존에 던져진다면 비판만 잔뜩 받아 당황스럽고 자존심에 상처를 입을지도 모른다. 하지만 베조스가 집착하는 혁신 중시 경영을 위해서는 그럴싸한 말만 나와서는 안 된다는 뜻이다.

이 말에는 다른 뉘앙스도 있다. 2017년 연간 보고서 중에는 앞서 나온 'Disagree and Commit'가 '반대하고 받아들여라'라는 뉘앙스로 등장했다. 대기업병[기업 규모가 비대해지면서 나타나는 구성원의 무사안일주의와 관행, 의사결정 지연 따위를 비유적으로 이르는 말]에서 아마존을 지키는 네 가지 법칙이라는 내용 중에 나온 말이다.

베조스는 고속 의사결정 시스템을 가능하게 하는 구조로 '반대하고 받아들여라'를 꼽는다. 여기서 베조스가 말하려는 바는, 자신은 약간 다르게 생각해도 그렇게 결정되었다면 받아들이라는 것이다.

즉 베조스는 본인은 찬성하지 않았지만 모두 그렇게 결정했다면 확정된 이상 본인도 전념으로 받아들인 적이 있다고 말한 셈이다. 의견이 있으면 타협 없이 논의하라는 적극적인 메시지와는 약간 모순되는 것 같지만 아마존처럼 사업이 비대해지면 모든 의사결정을 전원이 수긍할 수 없는 현실이 있는 것도 사실이다. 전부 자신이 짊어지는 것이 아니라 일부를 주위에 맡김으로써 의사결정을 고속화했다고 볼 수 있다. 이 부분의 핵심은 이번 장 뒤에서 설명할 아마존에서의 의사결정 시스템 규칙 1과 함께 읽어보면 베조스의 진의를 이해할 수 있을 것이다.

이 밖에도 베조스의 말 중에는 "숫자와 열정을 무기로 삼아라", "빨리 실패하고 빨리 개선한다" 등 널리 알려진 것도 있다. 그러나 리더십이라는 축에서 말한다면 베조스의 특이한 인격과 그로 인해 실현되는 비전가형 리더십, 임직원 입장에서 리더십 원칙 14계명으로 상징되는 셀프 리더십이 아마존 리더십의 요점이다.

아마존이 혁신을 만들어내는
네 가지 비결

아마존의 매니지먼트는 원래 비즈니스 모델, 사업 구조, 수익 구조, 최종적으로는 아마존이 구축하려는 생태계와 플랫폼까지 모두 포함한 개념이다. 이 내용들은 1~3장에서 자세히 다루었다. 이 장에서는 아마존이 조직적·제도적 장치로 대기업병을 회피하고 있다는 점을 다루어보자. 그 장치에는 창업한 지 20년이 지난 아마존이 여전히 아마존으로 계속 존재할 수 있는 비결이 숨겨져 있기 때문이다. 즉, 아마존이 혁신을 계속 만들어내고 있는 비결이다.

[도표 27]은 아마존의 2017년 연간 보고서를 바탕으로 정리한 것

이다. 여기서 말하는 네 가지 법칙이란 진정한 고객 지향, 절차화에 대한 거부, 최신 트렌드에 대한 신속한 대응, 빠른 의사결정 시스템이다. 이에 대해 자세히 살펴보자.

1. 진정한 고객 지향

베조스는 고객에 대한 집착이야말로 데이 원Day1의 활기를 유지하는 가장 효과적인 방법이라고 말한다. 베조스가 말하는 데이 원이란 (창업한) 첫날이라는 의미다.

창업 직후 아마존이 내놓은 첫 연간 보고서에 데이 원이라는 표현을 처음 썼다. 베조스는 자신의 책상이 있는 건물에는 반드시 데이 원이라는 이름을 붙인다. 지금도 여전히 연간 보고서에는 '오늘이 아마존의 데이 원'이라고 쓴 편지를 첨부할 만큼 베조스는 이 말을 좋아한다. 대조적으로 데이 투Day2는 창업 당시 정신을 망각하고 쇠퇴해가는 대기업(병)을 경계하는 맥락에서 역시 베조스가 즐겨 쓰는 표현이다. 연간 보고서에서 베조스는 이렇게 덧붙였다.

"고객은 멋지고 훌륭할 만큼 늘 불만을 갖고 있습니다. 고객이 행복하고 비즈니스가 순조로울 때조차도 말이죠."

불만 있는 고객을 기쁘게 만드는 데 노력하는 문화는 데이 원에 머무는 조건을 만들어내는 중요한 요소다. 베조스는 실패를 받아들인 뒤 새로운 씨를 뿌려 어린 나무를 키우고 고객을 기쁘게 할 수 있다면 결실은 배가된다고 확신한다.

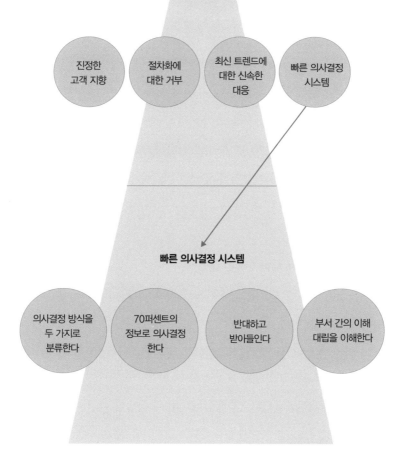

도표 27 대기업병에서 아마존을 지키는 네 가지 법칙

대기업병에서 아마존을 지키는
네 가지 법칙

진정한
고객 지향

절차화에
대한 거부

최신 트렌드에
대한 신속한
대응

빠른 의사결정
시스템

빠른 의사결정 시스템

의사결정 방식을
두 가지로
분류한다

70퍼센트의
정보로 의사결정
한다

반대하고
받아들인다

부서 간의 이해
대립을 이해한다

2. 절차화에 대한 거부

기업이 비대해지고 조직 구조가 복잡해질수록 업무는 규칙화하고 절차화한다. 동시에 효율화를 진전시키므로 일반적으로는 장려되는 경향이 있지만 베조스는 이를 경계한다.

"나쁜 결과가 나왔을 때 젊은 리더가 자신을 정당화하기 위해 '절차에 따랐을 뿐'이라는 말을 사용하는 것을 자주 들었습니다."

베조스가 절차화를 거부하는 가장 큰 이유는 절차화가 진정한 고객 지향에 장애물이 된다고 생각하기 때문이다. 시장 조사와 고객 조사는 고객을 이해하는 데 도움이 되지만 그것은 고객의 평균적인 정보에 불과하다. 베조스는 이렇게 말한다.

"우수한 개발자와 기획자는 고객을 더욱 깊이 있게 이해하며 직감을 발휘하는 데 대부분의 에너지를 소비합니다. 그들은 조사만으로 평균적인 정보를 얻기보다는 고객이 실제로 전하는 많은 이야기를 학습하고 이해하려고 합니다."

3. 최신 트렌드에 대한 신속한 대응

베조스는 외부 트렌드를 신속하게 도입하지 않으면 금세 데이 투로 밀려난다고 말한다.

"우리는 명확한 트렌드의 한복판에 놓여 있습니다. 기계 학습ML과 인공지능AI이죠."

아마존이 트렌드를 하늘의 때로써 어떻게 활용해왔는지는 제3장에서 설명한 바와 같다.

4. 빠른 의사결정 시스템

이것은 아마존이 대기업병을 회피하는 데 가장 크게 공헌하는 항목이다. 베조스는 연간 보고서에서 다음과 같이 결론짓고 있다.

"데이 투 회사의 의사결정은 느립니다. 데이 원의 에너지와 역동성을 유지하려면 질 높고 신속한 의사결정이 필수적입니다."

상식적으로 생각했을 때, 창업한 지 얼마 안 되어 대응이 재빠른 벤처 기업이면 몰라도 대기업에서 의사결정이 느려지는 현상은 불가피하다. 따라서 아마존에서는 의사결정의 네 가지 규칙을 정해두고 있다.

[규칙 1] 의사결정 방식을 두 가지로 분류한다. 의사결정에는 돌이킬 수 있는 것과 돌이킬 수 없는 것이 있다. 돌이킬 수 있는 사안은 실패할 가능성을 포함해 점진적으로 결정하고, 돌이킬 수 없는 사안은 깊이 있게 논의하는 방침을 취한다. 베조스 입장에서는 사소한 의사결정은 구성원에게 맡기고 중요한 의사결정만 자신이 관여하겠다는 태도 표명이다.

[규칙 2] 70퍼센트의 정보로 의사결정을 한다. 정보가 모일수록 의사결정의 정확도는 높아지지만 100퍼센트의 정보를 모으려고 하면 시간만 흘러갈 뿐 의사결정을 내릴 수 없다. 그래서 70퍼센트 정도 정보가 모인 시점에 의사결정을 하고 결론을 내린다. 베조스는 궤도 수정만 잘 되면 뭔가 잘못되더라도 복구 비용이 크지 않고 오히려 결정이 늦어질 때 훨씬 많은 비용이 든다고 말한다. 다만 아마존에서의 70퍼센트의 정보가 얼마만큼의 정보량인지는 짐작이 쉽지 않다. 일반적인

회사의 10퍼센트 이상에 해당하는 정보라 하더라도 전혀 이상할 것이 없다. 세계 제일의 IT 기업 입장에서의 70퍼센트라는 점은 염두에 둘 필요가 있다.

[규칙 3] 반대하고 받아들인다. 내용은 앞서 설명한 대로다.

[규칙 4] 부서 간의 이해 대립을 받아들인다. 팀 사이에서 의견 차이가 있어 논의해도 입장차를 좁히기 어려운 경우가 있다. 이때는 논의만 되풀이해서 피폐해지기 전에 상부에 판단을 맡기라고 보고서에 적혀 있다.

베조스는 의사결정을 명쾌하게 두 가지로 분류했듯이 부서 간의 조정 역시 두 가지로 분류한다. 부서 간의 이해 대립에서 생기는 의견 차이는 부서 차원에서 조정이 어렵다고 정의하고 신속히 상부에 판단을 맡기라고 한다. 경영자인 자신이 관여해야 할 사안과 그렇지 않은 사안을 명확히 규정하고, 관여해야 할 사안에 집중하고 그렇지 않은 사안은 현장에 맡긴다. 이것이 바로 빠른 의사결정 시스템의 비결이다.

대기업병을 예방하고 항상 데이 원 상태로 남겠다는 베조스의 집착 역시 예사스러운 것은 아니다.

네 가지 비결 중에서 여기서는 특히 빠른 의사결정 시스템의 [규칙 1]에 관해 자세히 살펴보자. [규칙 1]에 기업의 속도 경영과 이를 실현하기 위한 조직의 권한 위양에 대한 비결이 숨어 있기 때문이다. 앞서 설명했듯이 베조스는 본인은 찬성하지 않았지만 모두 그렇게 결정했다면 확정된 이상 본인도 전적으로 받아들인 적이 있다고 말한다.

베조스의 말은 [규칙 1]에 규정되어 있는 '의사결정 방식을 두 가지로 분류한다. 의사결정에는 돌이킬 수 있는 것과 없는 것이 있다. 돌이킬 수 있는 사안은 실패할 가능성을 집어넣으면서 점진적으로 결정하고, 돌이킬 수 없는 사안은 깊이 있게 논의한다'라는 내용에서 이해해야 한다. 즉, 돌이킬 수 있는 사안은 부하에게 권한을 위양하고 자신은 찬성하지 않았지만 모두 그렇게 결정했다면 확정된 이상 자신도 전적으로 받아들인다고 말한다. 하지만 베조스가 돌이킬 수 없는 사안에 관한 의사결정에는 깊게 관여하고 있다는 점은 쉽게 예상할 수 있다.

구글과 아마존의 차이점

아마존을 대상으로 대전략을 분석하고 있는데, 포괄적인 경쟁사 분석 대상으로 중국 기업인 알리바바를 선정했다(제6장). 이 책의 핵심 분석 방법인 5요소 분석법으로 아마존의 대전략을 분석할 때, 도·천·지·장·법의 관점에서 아마존의 특징을 부각하기에 알리바바가 가장 적절한 규모와 사업 내용을 지니고 있기 때문이다.

다른 미국 메가테크 기업과의 비교 역시 최소한의 내용은 기술할 것이다(AI 개발로 보는 구글의 사고방식은 제2장에서 설명했다). 여기서는 구글과 아마존 두 회사의 차이점을 단적으로 정리함으로써 아마존이 보여주는 리더십과 매니지먼트의 특징을 부각한다.

최근 일본에서 구글의 OKR과 일대일 면담 인사 제도가 IT 기업 중심으로 채택되면서, 리더십과 매니지먼트라는 방향성 면에서 구글이 주목받고 있다.

OKR이란 목표 및 핵심 결과Objective and Key Results의 약칭으로, 회사, 팀, 개인 차원에서 높은 일관성을 갖고 고속으로 PDCA를 회전시키는 구조를 말한다. 일대일 면담은 구글을 비롯해 구글을 벤치마킹한 IT 기업에서 상사가 부하를 성장시키는 소통 방법으로 활용되고 있다. 일대일 면담의 본질은 대화이며 상사가 관리자인 본인을 위해 대화하는 것이 아니라 어디까지나 직원의 성장을 목적으로 한다는 점이 가장 큰 특징이다.

구글의 인사 책임자인 라즐로 복Laszlo Bock이 쓴《구글의 아침은 자유가 시작된다》는 구글의 채용, 육성, 평가 내용이 명확히 적혀 있다는 의미에서 참고할 만한 책이다.

채용, 육성, 평가라는 구글의 인재 운영 방식에서는 인사 빅데이터와 AI가 구사되는 한편 발전적인 대화가 중시되고 있다는 점에 주목해야 한다. 구글의 전 CEO이자 현재 특수회사인 알파벳의 회장인 에릭 슈미트가 쓴《구글은 어떻게 일하는가》는 구글과 아마존의 차이점을 이해하는 데 주목할 만한 책이다.

"사업은 언제나 내부에서 진행되는 과정보다 앞서야 한다. 그러므로 당신은 혼란스러운 상황에 있기를 원해야 한다. 그리고 당신이 그런 상황에 놓였을 때 빠져나올 수 있는 유일한 방법은 오로지 인간관계밖에 없다. 사람을 파악하고 돌보는 일에 시간을 들여야 한다."

인간관계를 구축하고 부하를 성장시키기 위해 구글이 일대일 면담을 중시하고 있다는 것이 나타나 있는 설명이다. 책에는 '긍정의 문화를 세워라'는 항목도 있어 아마존의 'Disagree and Commit'와는 다른 기업 문화가 양성되고 있다는 점을 알 수 있다.

한편《구글은 어떻게 일하는가》에 소개된 '베조스의 피자 두 판 규칙'이라는 항목이 눈에 띈다. 구글도 아마존과 마찬가지로 실제 업무는 작은 팀으로 일하는 것이 생산적이라고 본다.

조직은 작은 팀으로 구성되어야 한다. 아마존의 창업자인 제프 베조스는 전에 '피자 두 판 팀' 규정을 만들었는데 이것은 부서의 규모는 피자 두 판이면 모두 충분히 먹을 수 있을 만큼 작아야 한다는 말이다. 규모가 작은 팀은 큰 팀보다 더 많은 일을 하며 정치운동이나 누가 공로를 인정받을 것인지에 대해서도 신경을 덜 쓴다.

《구글은 어떻게 일하는가》중에서

베조스의 '피자 두 판 규칙'은 뒤에서 소개할, 베조스가 존경하는 인물인 하버드 경영대학원의 클레이턴 크리스텐슨 교수가 쓴《이노베이터 DNA》에서 혁신의 DNA 사례로 소개되고 있다.

모든 사람은 창의적일 수 있다고 믿고 부서를 가능한 한 작게 유지하려고 한다. 그리하여 각 직원에게 자율권과 혁신에 대한 책임감을 갖게 한다.

6~10명이 피자 두 판을 충분히 나눠 먹으면 딱 좋듯이 팀 규모도 작은 것이 좋다.

모든 임직원이 각자 자율적으로 자기 자신에게 리더십을 발휘하기를 요구하는 아마존. 일대일 면담을 중시하며 부하가 최고의 성과를 내도록 환경을 조성할 수 있는 사람을 관리자로 요구하는 구글. 리더십과 매니지먼트의 방향성과 기업 문화는 달라도, 작은 팀으로 성과를 낸다는 점이 일치하고 있다는 것과 크리스텐슨 교수가 혁신의 DNA로 평가하고 있다는 것은 주목할 가치가 있다.

구글의 슈미트와 아마존의 베조스의 공통점이자, 경영자나 비즈니스 리더 입장에서 가장 중요한 업무인 의사결정 규칙에 관해서 설명한다. 이번 장에서 설명했듯이 아마존에는 돌이킬 수 있는 사안과 돌이킬 수 없는 사안 두 가지로 구분하는 의사결정 규칙이 있었다. 슈미트는 《구글은 어떻게 일하는가》에서 다음과 같이 말했다.

CEO라면 일반적으로 결정을 대폭 줄여야 한다.

CEO나 고위 경영진의 역할을 익히는 핵심적인 기술은 자신이 빠진 상태에서 결정 과정이 이루어지도록 하는 방법을 아는 것이다.

구글과 아마존의 최고 경영층이 의사결정 규칙으로 공통적으로 지적하고 있는 점은 모든 기업이 참고해야 할 내용이다.

마지막으로 미국에는 베조스 제국이라는 말이 있다. 베조스가 개인적으로 주식을 소유하고 있는 기업군, 혹은 베조스가 주요 주주를 맡고 있는 기업군을 가리킨다. 베조스 제국에는 제4장에서 소개했던 우주 사업 회사 블루 오리진, 에어비앤비, 우버, 리싱크 로보틱스Rethink Robotics 등 수많은 최첨단 기업과 〈워싱턴포스트〉 〈비즈니스 인사이더〉 등 언론사가 있으며, 심지어 여기서 소개한 기업 구글도 포함되어 있다. 베조스는 구글의 초창기 투자자 중 한 사람이기도 하다.

굳이 이익을 내지 않는다
- 저이익률의 매니지먼트

아마존의 시가 총액은 2017년 11월 기준으로 약 4,700억 달러[2018년 4월 기준 약 7,700억 달러], 2016년의 매출액은 약 1,360억 달러다. 미국 최대 소매 기업인 월마트의 시가 총액 약 2,340억 달러의 두 배에 이른다. 그러나 이익 수준은 창업 이래로 줄곧 침체되어 있으며, 영업 이익률은 불과 3퍼센트로 월마트를 밑도는 채 유지되고 있다. 이 현상을 어떻게 해석해야 할까?

여기에도 명확한 의도가 있다. 아마존은 이익을 내겠다고 마음먹으면 언제라도 낼 수 있는 상태다. 그러나 지금은 이익률을 억제하는 대신 그만큼을 사업 투자로 돌리겠다는 판단이다.

특히 아마존 웹 서비스의 영업 이익률은 25퍼센트에 달한다. 아마존 웹 서비스 사업의 흑자를 다른 사업으로 돌려 초고속 성장을 유지하고 있는데 낮은 이익 수준은 바로 이 때문이다. 아마존은 이익을 저가라는 형태로 고객에게 환원한다는 점을 내세우지만 그 비율은 일부에 불과하며 상당한 자금을 투자로 돌리고 있다.

현 시점에서 아마존의 투자 판단은 성공적이다. 아마존의 가격 정책은 가변적 가격 책정으로 모든 상품과 서비스를 싸게 파는 것은 아니지만, 저가는 고객을 끌어들이는 주요 요인이다. 배송까지 빠르다면 고객은 당연히 더 모여든다. 게다가 낮은 이익률을 두려워하는 경쟁 기업은 진출할 엄두를 내지 못한다. 낮은 이익률 전략으로 경쟁을 배제하겠다는 진의가 엿보인다.

어쨌든 이익률을 낮추겠다는 베조스의 결단으로 가능한 한 자금을 투자로 돌리고 초고속으로 사업을 확장해 다른 기업의 추종을 불허하는 유일무이한 지위를 확립시켜온 셈이다.

'할 일 이론'의
실천자 아마존

제프 베조스는 혁신을 지속적으로 만들어내는 것을 가장 중요시한다. 앞서 설명한 대기업병에서 아마존을 지키는 네 가지 법칙에 단적으로 나타나 있다. 베조스는 혁신 기업의 딜레마 이론을 제창한 하버드 경영대학원의 클레이턴 크리스텐슨 교수를 존경한다는 사실을 공개적으로 밝히기도 했다. 대기업병에 빠지지 않고 혁신을 지속적으로 만들어내는 조직을 유지하기 위해 최대한의 노력을 다하고 있는 것이다.

크리스텐슨은 최근 《일의 언어》라는 책을 펴냈다. 지금까지 전략 중심의 책을 썼던 크리스텐슨 교수가 마케팅 영역에서 구체적으로 어떤 기틀을 마련해야 좋을지를 풍부한 사례와 함께 소개한 훌륭한 책이다.

《일의 언어》에서 가장 주목한 대목은 '할 일 이론Jobs Theory'을 실천해 성과를 낸 모범적인 사례로 아마존이 등장한다는 점이다. 베조스에 관한 설명도 많은 것을 보면, 베조스가 크리스텐슨 교수를 존경하고 있을 뿐만 아니라 실제로 두 사람 사이에 사업상 긴밀한 관계가 있다는 사실을 엿볼 수 있다.

'할 일'이란 마케팅에서 요구사항을 더욱 첨예화했다는 의미다. 할 일 이론의 핵심은 사람은 자기 자신이 떠안고 있는 문제(할 일)를 해결하기 위해 상품을 구입한다는 것이다. 《일의 언어》에서 아마존은 할 일 이론을 조직의 중요한 기틀로 규정하고 이를 매니지먼트 시스템 수준으로 높인 사례로서 등장한다. 해당하는 부분을 소개한다.

창업 초기부터 아마존은 폭넓은 선택 범위, 낮은 가격, 신속한 배달이라는 세 가지 고객의 할 일에 집중했고, 그것을 해낼 수 있는 과정을 설계했다. 그리고 세 가지 목표를 성취하고 있는지 분 단위로 측정하고 감독했다. 최종 목적은 고객의 할 일을 해주는 것이고 모든 건 거기에 맞추어져 있었다.

앞서 아마존 매니지먼트의 본질은 100년 단위로 하루를 다시 보는 초장기와 초단기 조합을 사업화하는 데 있다고 표현한 바 있다. 위 설명을 보면 아마존은 실제로 분 단위로 PDCA를 고속 회전시키고 있다는 사실을 알 수 있다.《일의 언어》의 일본판 표지에는 이렇게 적혀 있다.

"혁신의 성패는 고객 정보나 시장 분석, 엑셀에 표시된 숫자가 가르는 것이 아니다. 관건은 고객이 정리하고 싶은 할 일(용무, 업무)에 있다."

아마존은 할 일을 고객 경험으로 상세하게 파고들어가 고객 정보 분석을 빅데이터와 AI 수준으로 정확성을 높이고, 고객이 정리하고 싶은 할 일이 실제로 정리되어 있는지를 분 단위 PDCA로 확인한다.

이번 장의 제목이기도 한 아마존의 경이로운 리더십과 매니지먼트는, 베조스의 혁신과 고객 경험에 대한 철학, 사상, 집착이 상품과 서비스는 물론 임직원의 셀프 리더십 행동에 녹아들어가 매니지먼트의 기틀로서 충실히 반영되어 있다는 내용으로 정리할 수 있다.

제6장

아시아의 제왕 알리바바와
아마존의 대전략 비교

알리바바 제국의 확장

확대일로에 있는 아마존 경제권은 미국에서 시작해 유럽, 일본, 아시아 전역으로 넓어지고 있다. 아마존을 깊이 있게 분석할수록 아마존의 강대함에 압도당할 듯하다. 하지만 아마존을 벌써 능가해 중국을 거점으로 아시아, 일본, 그리고 유럽과 미국이라는 역방향으로 세계를 석권하려 하는 기업이 존재한다. 바로 알리바바다.

알리바바는 중국 최대 포털 사이트인 바이두百度, 소셜 네트워킹 서비스인 텐센트腾讯와 나란히 중국의 3대 IT 기업 중 하나다.

그중에서도 알리바바는 최대의 시가 총액을 자랑한다. 창업한 지 불과 20여 년 만에 중국 내에서 독점적이라고 할 수 있는 지위를 구축한 '제국'이다. 2016년 유통 총액은 한화로 570조 원이었다. 시가 총액은 4,700억 달러(2017년 10월 기준)를 넘어 아마존을 웃돌았다.[2018년 4월 기준 아마존은 7,700억 달러로 급상승해 아마존이 다시 알리바바를 추월했다]

현재의 주가 추세대로라면 시가 총액에서 알리바바가 아마존을 제치는 것도 현실 가능한 시나리오다. 알리바바가 투자자의 날 행사에서 공개한 자료에 따르면, 향후 목표는 2020년 유통 총액 1조 달러다. 알리바바의 창업자인 마윈馬雲은 미국, 중국, 유럽, 일본에 이어 세계 5위의 알리바바 경제권을 구축하겠다고 선언했다.

사업의 핵심인 전자상거래 사이트로는 기업간 거래(B2B) 사이트인 알리바바닷컴, C2C 오픈 마켓인 타오바오淘宝 마켓플레이스, B2C 쇼핑몰인 텐마오天猫, Tmall 등 여러 곳을 전개하고 있다.

알리바바의 특징은 전자상거래 사업에 머무르지 않고 물류 사업과 오프라인 점포, 클라우드 컴퓨팅, 금융 사업으로 확장한다는 데 있다. 알리바바의 성공 스토리는 아마존이 온라인 서적 판매부터 시작해 에브리싱 스토어, 에브리싱 컴퍼니로 거대화한 과정과 매우 흡사하다.

특히 QR 코드를 사용한 스마트폰 결제 서비스 알리페이Alipay는 은행이 많지 않은 중국 내에서 완전히 자리 잡았다. 대도시권에는 알리페이가 아니면 지불할 수 없는 가게도 드물지 않다. 이미 중국인의 생활은 스마트폰 결제 서비스의 양대 산맥인 알리페이와 위챗페이Wechatpay 없이는 성립하지 않을 정도다. 알리바바는 중국 IT 업계의 골리앗에서 13억 중국인의 생활을 떠받치는 사회 인프라의 골리앗으로 탈피를 이루어냈다.

시장을 개방하고 있는 미국과 유럽, 일본에서는 아마존과 구글을 비롯한 미국 IT 기업이 시장을 석권하고 있다. 반면 오랫동안 규제로 보호받아온 중국에서는 국가 주도 형태로 IT 기업이 성장했다. 중국의 거대 경제권을 완전히 제압한 알리바바는 이제 세계 진출을 향해 방향키를 틀었다.

일본은 아마존만큼 친숙하지는 않지만 알리바바의 발소리가 착실히 가까워지고 있다. 모바일 결제 서비스 알리페이는 이미 일본에 상륙했다. 2017년 시점으로 일본의 대형 편의점과 백화점 등 2만 5,000여 곳이 알리페이 가맹점이다. 현재 알리페이는 주로 중국인 여행객이 대상이지만 조만간 일본인을 대상으로 하는 서비스도 개시될 예정이다. 일본인을 대상으로 하는 새로운 서비스는 중국 은행 계좌 없이도 이용할 수 있기 때문에, 일본 국내외의 알리페이 가맹점에서 알리바바 결제 서비스를 이용할 수 있다. 알리페이는 2018년에는 미국에 본격 진출해 수백만 점포에서 이용 가능해질 것이라는 보도가 나왔다. 중국인 여행객의 지갑을 열기 위해 미국에서는 대형 호텔 체인, 대형 소매 체인, 맛집 사이트가 적극적으로 알리페이를 도입하려고 기를 쓰고 있다. 2018년은 일본은 물론 미국에서도 알리바바의 이름이 울려 퍼지는 해가 될 것이다.

아마존 경제권을 분석하려면 가까운 미래에 아시아에서 격돌하게 될 알리바바 경제권에 관한 분석을 고려하지 않을 수 없다. 이번 장에서는 알리바바와 아마존의 대전략을 비교하면서 우리가 아직 몰랐던 알리바바의 정체에 다가가보기로 한다.

사회 문제를 인프라 구축으로
해결하다

우선 제1장의 아마존 분석과 같은 방식인 5요소 분석법으로 알리바바를 분석해보자.

알리바바를 논할 때는 배경에 강력한 사회적 사명감이 있다는 점을 빠뜨려서는 안 된다. 다시 말해 5요소 분석법에서의 '도'가 강력하다. 미국, 중국, 유럽, 일본에 이어 세계 5위의 경제 플랫폼을 구축하겠다는 마윈의 구상은 이기주의에서 나온 것이 아니다. 비전 앞에는 사회적 문제를 인프라 구축으로 해결하겠다는 대의가 있다. 마윈은 지금까지 "중국을 위해", "세계를 더 살기 좋게 만들기 위해"와 같은 발언을 반복했고, 발언한 내용 대부분을 실행에 옮겼으며, 실현시켜왔다. 알리바바가 전개하는 여러 전자상거래 사이트 역시 중소기업의 사업 지원 인프라를 구축한다는 사명에 기초하고 있다. 물류 인프라 부문에서는 미국 우정공사 및 일본통운과 제휴해 24시간 배달 가능한 스마트 물류망을 구축했고, 모바일 결제인 알리페이로는 금융 인프라 구축을 추진해왔다.

말한 것은 반드시 실천하는 마윈의 인생은 중국의 젊은이와 경영자에게 매우 큰 영향을 끼쳤다. 마윈은 차이니즈 드림의 상징이다. 중국의 젊은이들은 마윈을 신처럼 존경하고, 2020년까지 세계 5위의 경제권을 조성한다는 꿈도 실현될 것이라고 진심으로 믿는다.

원래 중국은 금융, 통신, 전기, 철도 등 기간산업을 국영 기업이 맡고,

도표 28 5요소 분석법에 따른 알리바바의 대전략 분석

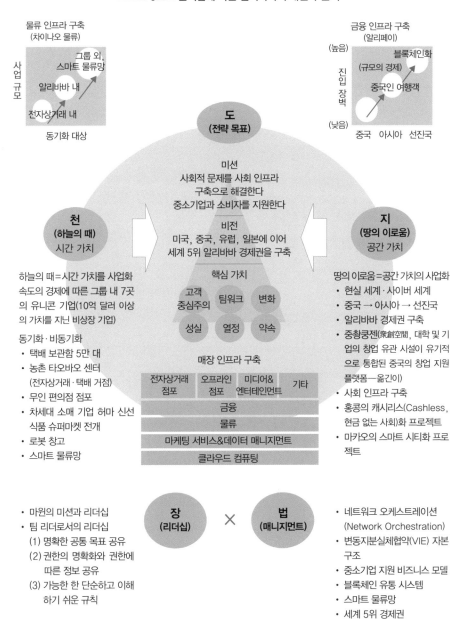

물류 인프라 구축
(차이나오 물류)

사업 규모

그룹 외, 스마트 물류망
알리바바 내
전자상거래 내

동기화 대상

금융 인프라 구축
(알리페이)

(높음)

진입 장벽

블록체인화
(규모의 경제)
중국인 여행객

(낮음)

중국   아시아   선진국

도
(전략 목표)

미션
사회적 문제를 사회 인프라
구축으로 해결한다
중소기업과 소비자를 지원한다

비전
미국, 중국, 유럽, 일본에 이어
세계 5위 알리바바 경제권을 구축

핵심 가치

| 고객 중심주의 | 팀워크 | 변화 |
| 성실 | 열정 | 약속 |

천
(하늘의 때)
시간 가치

지
(땅의 이로움)
공간 가치

하늘의 때=시간 가치를 사업화
속도의 경제에 따른 그룹 내 7곳
의 유니콘 기업(10억 달러 이상
의 가치를 지닌 비상장 기업)

동기화·비동기화
• 택배 보관함 5만 대
• 농촌 타오바오 센터
  (전자상거래·택배 거점)
• 무인 편의점 점포
• 차세대 소매 기업 허마 신선
  식품 슈퍼마켓 전개
• 로봇 창고
• 스마트 물류망

땅의 이로움=공간 가치의 사업화
• 현실 세계·사이버 세계
• 중국 → 아시아 → 선진국
• 알리바바 경제권 구축
• 중촹쿵젠(衆創空間, 대학 및 기
  업의 창업 유관 시설이 유기적
  으로 통합된 중국의 창업 지원
  플랫폼—옮긴이)
• 사회 인프라 구축
• 홍콩의 캐시리스(Cashless,
  현금 없는 사회)화 프로젝트
• 마카오의 스마트 시티화 프로
  젝트

매장 인프라 구축

전자상거래 점포	오프라인 점포	미디어& 엔터테인먼트	기타
금융			
물류			
마케팅 서비스&데이터 매니지먼트			
클라우드 컴퓨팅			

• 마윈의 미션과 리더십
• 팀 리더로서의 리더십
  (1) 명확한 공통 목표 공유
  (2) 권한의 명확화와 권한에
      따른 정보 공유
  (3) 가능한 한 단순하고 이해
      하기 쉬운 규칙

장
(리더십)

×

법
(매니지먼트)

• 네트워크 오케스트레이션
  (Network Orchestration)
• 변동지분실체협약(VIE) 자본
  구조
• 중소기업 지원 비즈니스 모델
• 블록체인 유통 시스템
• 스마트 물류망
• 세계 5위 경제권

그 밖의 소비 시장에 가까운 산업이나 인터넷과 같은 신규 산업은 민간 중소기업에 맡기는 조대방소抓大放小 전략, 인터넷으로 모든 산업을 활성화하는 인터넷 플러스 정책, 제조업의 고도화를 목표로 하는 중국 제조 2025 등을 국책으로 내세우고 있다. 알리바바는 중국의 국책을 어떤 기업보다도 잘 구현해내는, 현대 중국을 상징하는 존재라 할 수 있다.

빨라지는 오프라인 진출
- 알리바바의 '천'과 '지'

'천'이라는 요소에서는 아마존을 웃도는 속도의 경제를 지적한다.

중국에서는 지금 성공 기업의 상징으로서 유니콘 기업이 주목받고 있다. 유니콘 기업은 창업 10년 이내에 10억 달러 이상의 시가 총액을 보유한 비상장 기업을 가리키는 말이다. 미국의 조사기관 CB인사이트CB Insights에 따르면 중국의 유니콘 기업은 47개로 미국에 이어 가장 많은 숫자다(2017년 5월 기준). 그중에서 알리바바 그룹에 속한 회사가 7개나 된다는 점에서 알리바바의 성장 속도를 엿볼 수 있다[앤트 파이낸셜Ant Financial(금융 관련), 알리바바 픽쳐스Alibaba Pictures(영화 관련), 딩톡DingTalk(SNS 관련), 알리바바 클라우드Alibaba Cloud(클라우드 서비스), 코베이Koubei(음식 평가 서비스), 알리바바 뮤직Alibaba Music(음악 관련), 차이나오Cainiao(물류 관련)].

7개의 회사는 알리바바 그룹에서 사업 분리 독립 및 신규 사업 육성으로 생겨난 기업이며, 이미 미국에 상장한 알리바바와는 별개의 독립된 기업이다. 즉 각 기업이 향후 잇달아 상장을 실현해갈 것이 기대되고 있다.

알리바바는 다양한 비즈니스에서 시간 가치의 원천인 동기화·비동기화를 추진하고 있는데, 특히 물류 인프라 구축에서 두드러지게 보이는 현상이다. 일본 택배 업계는 인력 부족 때문에 대량의 화물을 처리하지 못해 어려움을 겪고 있는데, 알리바바 그룹의 물류 계열사인 차이나오菜鳥는 5만 대 이상의 택배 보관함을 설치함으로써, 배달업체는 언제라도 배달할 수 있고 수취인은 언제라도 받아볼 수 있는 환경을 만들었다. 창고 내부는 아마존 이상으로 로봇화가 진행되어 있다.

이처럼 전체 과정에서 리드 타임을 단축하고 재고를 포함한 모든 비효율성을 줄임으로써 언제 어디서나, 지금 여기서, 바로 가능한 시간 가치를 높이고 있다.

'지'에서는 현실 세계와 사이버 세계의 결합이 진행 중이다. 뒤에서 자세히 다루겠지만, 현실 세계 진출은 아마존보다 훨씬 앞서나가고 있고 규모도 차원이 다른 수준이다. 지금은 중국에서 아시아로 진출하는 단계에 있으며, 2016년에는 동남아시아 최대 전자상거래 사이트인 라자다Lazada를 인수했다. 앞으로 중국에서 아시아로, 나아가 선진국으로 경제권을 점차 구축해가는 것이 알리바바의 계획이다.

사회 인프라를 구축한다는 의미에서 중국이라는 나라를 둘러싼 프로젝트가 몇 가지 추진되고 있다. 사실 중국은 지금 인터넷 인프라 주도의 중국 경제 변혁, 이른바 대중창업 만중창신大衆創業 萬衆創新(모든 이가 창업하고 혁신하라)을 장려하고 있다. 최근에는 세계 최대 카지노 도시인 마카오와 스마트 시티 구축을 위한 전략 제휴를 발표했다는 소식이 큰 화제가 되었다. 2019년까지 클라우드 컴퓨팅 센터 및 빅데이터 센터를 건설하고 관광업 촉진, 인재 육성, 교통 관리, 의료 서비스, 도시 종합 관리 서비스, 금융 기술로의 응용을 목표로 한다고 발표했다.

마찬가지로 홍콩 정부 행정수반과 회담한 마윈은 홍콩을 무현금 사회화하는 데 협력하겠다고 밝혔다. 대도시의 문제를 IT 기술로 해결하는 스마트 시티는 세계 각지에서 구상되고 있는데, 지금까지 보여준 알리바바의 속도감과 중국의 추진력으로 추측해보건대 마카오가 앞서나갈 가능성이 상당히 높다.

신이 된 마윈
– 알리바바의 '장'과 '법'

그렇다면 알리바바를 창업한 '장', 마윈은 대체 어떤 인물일까? 제프 베조스가 비전가형 리더십, 즉 사람을 고무시키는 유형의 리더라고 한다면, 마윈은 미션 리더십, 즉 '중국 혹은 세계는 이렇게 되어야 한다'는 사회적인 미션을 내걸고 사람을 끌어들이는 유형의 리더라 할 수 있다.

나는 2012년을 전후로 홍콩에 거주하면서 범중화권 및 아시아 전역의 클라이언트와 비즈니스를 담당했고 중국과의 비즈니스를 오랫동안 경험한 바 있다. 이번에 다시 마윈이란 어떤 인물인지 살펴보기 위해 30명 이상의 중국인 유학생과 중국인 사업가를 대상으로 청취 조사를 실시했다.

조사 결과 마윈은 위인, 영웅, 신, 차이니즈 드림의 상징이자 현대 중국인이 존경하고 영웅시하는 대상이었다. 중국 3대 IT 기업인 바이두, 알리바바, 텐센트 중에서 경영자로서의 존재감은 마윈이 가장 출중하다는 평가다. 이유는 마윈이 내건 사회적 미션 때문이다. 중국을 위해 인프라를 정비하고, 더 살기 좋은 세상을 만들겠다는 일관된 태도가 많은 중국인들의 마음을 끌어당기는 것이다.

마윈에게 영향을 받아 '나도 창업하고 싶다', '나도 중국을 위해 일하고 싶다'고 생각하는 중국의 젊은 사업가는 상상하지 못할 만큼 많다.

이처럼 이기주의에 빠지지 않고 기업의 사회적 책임을 중시한 큰 뜻을 품은 채 일하는 중국인이 많다. 우리는 중국 기업의 존재감과 테크놀로지의 경이로운 진화와 더불어, 중국인 사업가가 보여주는 의식의 진화에 시선을 돌릴 필요가 있다. 사심 가득한 야심가보다는 거대한 사명감을 지닌 사람들이 확실히 늘어난 것이다. 내가 가르치고 있는 릿쿄 대학교 경영대학원에서 배우는 중국 유학생들은 모두 자신이 중국과 일본의 가교가 되고 싶다는 열의에 가득 차 있다. 학생들은 마윈이 없었다면 지금쯤 중국은 전혀 다른 나라가 되었을 것이라고 입을 모은다.

중국을 위해 인프라를 정비하겠다는 마윈의 말은 허풍이 아니다.

자신이 발언한 내용을 전부 실현시켰기 때문에 마윈은 존경받고 중국인의 신이 될 수 있었다. 책 집필을 계기로 조사를 철저히 진행했음에도 여기서 지적하는 몇 가지 논점을 제외하면 마윈이 비판받는 기사나 자료는 거의 눈에 띄지 않았다. 거대기업 경영자치고는 상당히 이례적이다. 제7장에서 설명하겠지만 찬반양론이 존재하는 아마존의 베조스와는 대조적인 측면 중 하나다.

조직 운영을 주관하는 '법'이라는 요소에서는 알리바바의 VIEVariable Interest Entity(변동지분실체협약) 자본 구조를 지적해둔다.

알리바바는 2014년 9월 뉴욕 증권 거래소에 상장했는데, 정확하게 말하자면 알리바바 그룹 자체가 상장한 것은 아니다. 알리바바의 방식은 외국 자본 진입이 제한되어 있는 중국에 구멍을 뚫어 해외로부터 성장 자금을 조달하기 위한 방식, 이른바 VIE 구조다.

쉽게 설명하자면, 조세 회피처에 특수목적법인인 VIE를 설립해 알리바바 그룹의 수익을 그대로 VIE에 귀속시키는 독점 계약을 체결하는 것이다. 따라서 투자자의 투자 대상은 알리바바 그룹 자체가 아닌 VIE가 되는 셈이다.

알리바바의 비즈니스 모델은 중소기업 지원이라는 점을 재차 강조해둔다. 알리바바닷컴, 타오바오, 티몰과 같은 전자상거래 사이트만 해도 각각 B2B, C2C, B2C 플랫폼이며 이를 사업화함으로써 중소기업을 지원해왔다고 볼 수 있다.

매장, 물류, 금융에서
아마존을 앞서가다

전자상거래에서 파생된 광범위한 서비스군, 카리스마 넘치는 경영자, 인터넷에서 현실로의 진출, 놀라울 만큼 빠른 성장 속도 등 아마존과 알리바바 사이에는 다양한 면에서 겹치는 지점이 있다. 여기서는 두 기업을 구성하는 요소를 도표로 비교해보았다([도표 29] 참조). 아마존과 알리바바의 차이점, 그리고 아마존 이상으로 진화하고 있는 알리바바의 경이로움이 부각될 것이다.

전자상거래 사이트 사업을 비교하면, 주로 자신이 사들여 자신이 파는 직판형 기업의 전형적인 사례인 아마존에 비해, 알리바바는 주로 마켓플레이스형 기업으로 중소기업과 개인을 지원하는 비즈니스 모델이라고 규정할 수 있다.

오프라인 점포의 전개에서는 알리바바가 질과 양 모두 크게 앞서고 있다. 아마존은 2017년에 홀푸드를 인수하고 무인 편의점을 도입 중이지만, 알리바바는 몇 년 전부터 스마트폰 앱으로 지불할 수 있는 신개념 매장인 허마 신선식품 슈퍼마켓을 전개해 베이징과 상하이를 중심으로 점포를 13곳까지 확대했다. 지방 거점인 농촌 타오바오는 전국에 점포가 3만 곳 이상이며 무인 편의점도 정식 영업을 개시했다.

물류는 아마존이 가장 강점으로 삼는 부분이다. 독자적으로 물류망과 창고를 구축해 FBA로서 사업을 전개하고 있다. 하지만 알리바바 또한 지금까지 50조 원을 들여 24시간 배달 가능한 스마트 물류망을

도표 29 아마존 vs 알리바바 비교

항목	아마존	알리바바
전자상거래	직판형의 전형 사례	마켓플레이스형의 전형 사례
오프라인 점포	홀푸드 인수, 무인 편의점 점포	차세대 소매 허마 신선식품 슈퍼마켓 전개, 농촌 타오바오, 무인 편의점 점포
물류	자사가 물류망과 창고망을 구축, FBA로서 사업 전개	차이나오 물류로 국내외에 스마트 물류망을 급속도로 확대 중
금융	빅데이터를 기반으로 한 아마존 렌딩 등을 전개	핀테크의 제왕, 알리페이는 4억 5,000만 명이 이용하는 세계 최대급 결제망. 기타 금융 서비스도 은행을 능가
클라우드 컴퓨팅	아마존 웹 서비스는 세계 1위의 클라우드 컴퓨팅 기업. AI와 우주 빅데이터 등에서 타사를 선도	아마존의 아마존 웹 서비스를 목표로 클라우드 컴퓨팅을 급속도로 확대 중
빅데이터와 AI	구매 이력 데이터, 음성 데이터, 동영상 데이터 등 빅데이터를 AI에서 활용	알리페이에서 위치 정보 데이터를 취득함으로써 빅데이터의 양과 종류 면에서는 아마존을 능가. 쯔마신용(芝麻信用)은 이미 빅데이터에서 개인 신용을 측정하여 사업화
경영자	제프 베조스 • 비전가형 리더십 • 좋은 화성인 • 미국에서는 천재·기재 • 우등생 출신	마윈 • 미션 리더십 • 좋은 지구인 • 중국에서는 영웅·위인·존경받는 존재 • 열등생 출신
정부와의 관계성	트럼프 대통령과 적대적인 관계. 지역과 마찰이 많음	중국 정부와 관계성은 양호. 트럼프 대통령과 우호적인 관계 구축

확대하고 있다. 마윈은 5년 안에 중국 내에서는 24시간 이내, 전 세계 어디든 72시간 이내에 배달할 수 있는 물류망을 실현하겠다며 호언장담한다.

돈의 흐름, 이른바 금융에서는 알리바바가 아마존을 완전히 능가하고 있다. 아마존이 결제 서비스인 아마존 페이와 소규모 사업자를 대상으로 경영 자금을 대출해주는 아마존 렌딩을 시행하고 있지만, 알리바바는 이미 핀테크의 제왕이다. 전자상거래 사이트 사업 및 물류 사업과 함께 삼위일체로 금융 사업을 신장해왔으며, 스마트폰 결제 서비스 알리페이는 세계 최대 결제 서비스로 성장했다.

기타 금융 서비스 역시 은행 수준을 뛰어넘는다. 모든 금융 상품을 포함한 실질적인 자금량은 메가뱅크급이다. 2017년 9월 15일 미국 경제지 〈월스트리트저널〉은 알리바바 그룹의 머니마켓펀드MMF인 위어바오余額宝의 예탁 자산이 불과 4년 만에 세계 최대로 불어나 2,110억 달러까지 증가했다고 보도했다(업계 2위인 JP모건 에셋 매니지먼트가 운용하는 MMF의 두 배 이상). 이것도 스마트폰에서 알리페이 앱으로 이용자가 자금을 MMF로 쉽게 이동할 수 있는 핀테크 덕분이다.

클라우드 컴퓨팅 서비스는 어떨까? 앞장에서 언급했듯이 현 시점에는 아마존의 아마존 웹 서비스가 세계 1위다. 그렇지만 알리바바도 아마존 웹 서비스를 목표로 알리바바 클라우드를 전개하고 있으며 중국 시장 점유율 1위다. 알리바바 클라우드는 일본의 소프트뱅크와 합병해 SB 클라우드를 설립하고 일본 내에서도 서비스를 개시했다.

이어서 빅데이터와 AI에 관해 살펴보면, 아마존은 고객의 구매 이력

데이터, 음성 데이터, 동영상 데이터 등 빅데이터를 AI에 활용하고 있다. 이는 알리바바도 마찬가지인데, 알리바바는 여기에 더해 알리페이를 포함한 스마트폰 앱으로 위치 정보 데이터를 취득하고 있기 때문에 빅데이터의 양과 질에서 아마존을 뛰어넘은 것으로 추측된다.

경영자를 다시 비교해보자. 베조스는 비전가형 리더십의 경영자이며 천재라고 평가되는 한편 좋은 화성인이라고 불릴 만큼 인간적으로는 괴짜다. 반면에 마윈은 중국인에게 있어서는 신이다. 두 사람의 경력도 대조적인데, 베조스는 어렸을 때부터 학업이 우수하고 명문 대학 출신의 우등생인 반면, 마윈은 고등학교 입시에 두 번 낙방하고 대학 입시에 세 번 낙방한 열등생이다. 중국인 사이에서는 마윈이 열등생 출신이라는 점도 큰 인기의 요인이 되고 있다.

정부와의 관계성에서도 두 기업은 정반대다. 아마존은 지역사회와 수많은 마찰을 일으키고(제7장), 트럼프 대통령이 아마존을 저격해 소매점에 막대한 피해를 끼친다고 비판하면 베조스는 "깜냥도 안 되는 인물이 대통령"이라며 맞받아치는 적대적인 관계에 있다. 반면 알리바바와 중국 정부의 관계는 현 시점에서는 매우 양호하다. 중국 정부의 주요 공직자가 알리바바의 주주 혹은 임원에 이름을 올리고 있다. 마윈은 트럼프 대통령과 회담하면서 알리바바가 미국과 중국을 잇고 100만 명의 일자리를 미국에 만들어내겠다고 확약했다.

언뜻 봐도 확실한 것은 알리바바의 눈부신 성장 속도다. 알리바바는 105년 존속하는 기업을 표방하고 있고 그런 의미에서는 아마존의 초장기적 관점 경영과 겹쳐지는데, 눈앞의 속도감은 아마존 이상이다.

제7장에서 다시 설명하겠지만 경영자의 사회 공헌 의식과 기업의 사회적 책임을 중시하는 경영은 아마존에 결정적으로 부족한 자질이다. 알리바바의 홈페이지에는 이틀간에 걸쳐 열린 투자자의 날에 공개했던 모든 자료와 동영상이 올라와 있는데, 정보 개시 투명성 면에서도 아마존보다 뛰어나다.

핀테크의 제왕, 알리바바

이번에는 알리바바가 아마존을 뛰어넘은 점에 관해 자세히 알아보자.

미국과 유럽, 일본의 금융 당국 당사자는 인정하고 싶지 않겠지만, 전문가 소식통에 따르면 핀테크의 최선진국은 중국이며 해당 분야의 최대 플레이어가 알리바바라는 것은 이미 정설이다. 기업 이미지만 해도 '전자상거래 사이트의 알리바바'보다 '알리페이의 알리바바' 쪽이 훨씬 와닿는다는 사람이 많다.

알리페이는 중국 전역에서 4억 5,000만 명이 이용하는 스마트폰 결제 서비스다. 중국에서 온라인 결제의 50퍼센트, 모바일 결제의 80퍼센트의 시장 점유율을 차지하고 있고, 일본 내에서 중국인 여행객을 대상으로 알리페이를 도입한 점포가 2만 5,000곳을 넘어섰다.

이만큼 알리페이가 보급된 이유는 경영학에서 말하는 도약Leapfrog 효과 때문이다. 이는 신흥국이 선진국보다 뒤늦게 새로운 기술을 입수했을 때 단번에 최신 기술 도입이 진전되는 현상을 가리킨다.

중국의 은행은 편의성이 매우 낮아 알리페이 등장 이전에는 판매자와 구매자 양쪽에서 거래를 보증하는 시스템이 없었다. 그것이 알리페이와 같은 제3자 결제가 폭발적으로 보급되는 여지를 가져다주었다. 중국에서 경제 사정이 열악한 지방부터 모바일 인터넷이 확대된 것도 마찬가지 이유다. 저가 휴대폰이 이런 움직임을 가속화했다. 중국에서는 놀랄 만큼 저렴한 스마트폰이 출시되어 있어, 요즘은 노숙자까지 스마트폰을 가지고 알리페이로 계산할 정도다. 그런 환경 속에서 2014년에 오프라인 결제와 점포 결제가 개시되자 알리페이는 단번에 퍼져나갔다.

알리페이는 편의성이 매우 뛰어나다. 계산할 때는 앱을 띄워 QR 코드를 갖다 대기만 하면 되니 전혀 어렵지 않다. 계산 이외에 앱에는 다양한 서비스, 콘텐츠, 기능이 집중되어 있다.

가령 중국인 관광객이 일본 나리타 공항에 도착해서 알리페이 앱을 띄우면 주위에 어떤 가맹점이 있는지가 표시된다. 각 가게의 정보가 상세하게 표시되는 것은 물론 가게에서 사용할 수 있는 쿠폰까지 받을 수 있다. 예를 들어 공항 내에 있는 한 유명 일본식 라면집이 스마트폰 알리페이 앱에 표시되면서 위치와 지도, 중국어 · 일본어 가게 이름, 가게에서 사용할 수 있는 무료 쿠폰까지 동시에 표시된다. 중국에서는 공공요금도 알리페이로 결제할 수 있다. 중국인 유학생에게 물어보니 중국은 편의점과 은행이 적어 불편했는데 알리페이 덕분에 겨우 계산하기가 편해졌다고 한다.

말할 것도 없이 알리바바 입장에서 앱은 고객 관련 빅데이터를 수집하기 위한 채널이기도 하다. 구매 이력에 모바일 결제 정보, 아마존이 아직 착수하지 못한 실시간 위치 정보까지 수집하고 있다. 결과적으로 빅데이터에서 개인의 사회적 신용도를 계산해주는 서비스까지 생겨났다. 쯔마 신용이라는 서비스인데, 개인 신용이 눈에 보이는 형태로 표시되기 때문에 포인트가 높은 사람은 대출 심사나 방문 서비스 등 각종 서비스 면에서 우대받는다. 말하자면 알리바바는 빅데이터로 인간의 신용 평가를 실현해낸 셈이다.

이와함께 알리바바는 블록체인 대책도 서두르고 있다. 그러나 알리바바가 선진국에 본격적으로 진출할 수 있을지는 여기에 달려 있다.

블록체인은 가상 화폐인 비트코인에 사용된 기술로 알려져 있다. 현재 블록체인을 일반 금융 거래와 기타 다양한 분야의 거래에서 활용하려는 움직임이 있는데 블록체인의 주요 특징은 동일한 데이터를 분산 저장 및 공유한다는 점, 체인처럼 과거의 데이터에 이어서 새로운 데이터를 다시 기록할 수 있는 점이다. 블록체인의 특징을 활용하면 식품 유통 경로를 추적해 가짜 음식 유통을 방지할 수 있다. 알리바바는 글로벌 회계 컨설팅그룹인 PwC 및 호주 기업과 함께 블록체인 유통 관리 시스템 구축에도 착수했다.

알리바바 그룹의 금융 계열사인 앤트 파이낸셜의 CEO 에릭 징Eric Jing은 블록체인을 활용해 세계로 진출할 것이며 10년 동안 20억 명의 이용자를 목표로 한다고 이야기했다. 발언의 배후에는 현재 중국의 브랜드 신용력 상태대로라면 선진국에 수용되기 어렵다는 위기의식이 깔려 있다.

그러나 반대로 생각했을 때, 알리바바가 의도한 대로 안심·안전 유통 관리 시스템을 구축할 수 있다면, 나아가 신뢰성 높은 블록체인을 활용해 새로운 결제 시스템을 확장해갈 수 있다면 세계 진출이 단번에 진척될 가능성이 높다.

알리바바가 예견하는
새로운 소매의 도래

2015년 이후 생산 연령 인구가 감소하기 시작한 중국은 2025년쯤 총인구 감소가 시작될 것으로 예측된다. 알리바바의 '농촌 타오바오'는 저출산 고령화 국면을 앞둔 중국의 지역 활성화 사업이라고도 할 수 있는 대책이다. 2014년 11월에 개시한 이래 전국 21개 성省 이상에 3만 개의 점포를 전개하고 있다.

농촌 타오바오란 인터넷 보급률이 낮은 농촌 지역에 소비자와 판매자 양쪽을 대상으로 하는 서비스를 제공하기 위해 설치된 거점이다. 소비자는 스마트폰 혹은 각 거점에 비치된 PC로 상품을 주문하고 농촌 타오바오에서 수령한다. 한편 판매자인 지역 농민은 농촌 타오바오를 거점으로 농작물과 같은 지역 특산품을 인터넷으로 전국에 판매할 수 있다. 쉽게 말해 전자상거래 배송 거점, 지역 편의점, 최근에는 피팅룸까지 구비되어 있는 공간이 농촌 타오바오다.

농촌 타오바오가 탄생한 배경에는 중국 농촌이 직면한 문제가 있다. 국토가 광활한 중국은 물류망이 정비되어 있지 않기 때문에 질 높은 상품과 서비스를 구입하려면 기존에는 대도시까지 나가야만 했다. 더구나 농민들은 소득 수준이 낮아 궁핍한 생활을 할 수밖에 없었다. 농촌 타오바오는 이런 문제를 해결하기 위한 것이다.

덧붙이자면 농촌 타오바오를 운영하는 주체는 지역의 젊은이들이다. 즉, 지역 입장에서는 새로운 일자리 수용처로서의 역할을 기대할 수 있기 때문에 지자체가 자금을 원조하고 있는 사례도 있다. 농촌 타오바오가 100만 명의 일자리를 창출했다는 보고도 있다. 농촌 타오바오는 이미 중국의 지방 살리기 계획에 빼놓을 수 없는 인프라로 자리매김했다. 오프라인 매장에서 엿보이는 알리바바의 선견성은 아마존 이상이다.

마윈은 10년 후 혹은 20년 후에는 전자상거래가 소멸하고 온라인과 오프라인이 융합한 새로운 소매, 이른바 신소매New Retail가 등장할 것이라고 말한다. 신소매 시대의 상징이라고 할 수 있는 것이 알리바바 출자 벤처 기업 허마가 전개하는 슈퍼마켓인 허마 신선식품이다. 현재 베이징과 상하이를 중심으로 중국에서 13개의 점포를 운영하고 있다.

언뜻 보면 신선식품과 일용 소비재를 메인으로 하는 평범한 슈퍼마켓인 것 같지만, 점포형 창고로서의 역할을 겸비하고 있다. 고객이 주문하면 직원이 매장에서 상품을 픽업해 반경 5킬로미터 안의 지역은 30분 이내에 배송된다. 온라인과 오프라인 모두 주문은 기본적으로 스마트폰 앱으로 하며 결제 방식은 알리페이뿐이다. 즉 고객은 온라인을 이용하면서 오프라인 점포 쇼핑을 즐길 수 있는 셈이다.

알리바바 입장에서는 익명성이 높은 현금이 아닌, 상세한 구입자 정보를 얻을 수 있는 모바일 결제에 특화함으로써 더 많은 고객 데이터를 입수할 수 있는 것이 장점이다. 온라인과 오프라인이 완전히 동기화했기 때문에 정보의 벽은 사라지고 오프라인 점포에 진열된 상품과 앱상에 표시되는 상품은 완전히 일치한다. 서장에서 2022년 11월의 아마존365라는 가상의 미래 점포를 소개했는데, 사실 이 내용의 상당 부분이 이미 허마에서는 실용화되어 있다.

충실한 사용자 경험은 일본의 대형 마트 혹은 아마존 이상이다. 중국에서는 일본 이상으로 인터넷 판매가 확산되어 있으며, 상품 페이지 구성도 그야말로 빈틈이 없다. 상품 소개에는 이미지와 동영상이 많이 사용되는데, 이는 타오바오 등 알리바바가 전개하는 모든 전자상거래 사이트의 공통점이라 할 수 있다.

알리바바에 비하면 아마존이나 라쿠텐의 상품 페이지는 결정적으로 정보가 적다는 인상을 준다. 알리바바에서 쇼핑하는 데 익숙해 있는 중국인은 이렇게 말한다.

"아마존에서는 알고 있는 상품밖에 살 수 없습니다. 타오바오는 정보가 풍부해서 뭐든 안심하고 살 수 있어요."

아마존 고가 시범 운영에 머물러 있는 가운데, 알리바바는 아마존 고보다 한발 앞서 무인 편의점인 타오카페Tao Cafe의 모의 매장을 선보였다. 얼굴 인식 기술에 자동 추적 시스템, 전자 결제 등 기본적인 방식은 아마존 고와 같다. 그러나 중국에서는 알리바바 외에 빙고박스 BingoBox 등 무인 편의점이 잇달아 오픈되고 있어, 속도감은 아마존을 웃돌고 있다.

마윈이 신소매와 더불어 2017년 9월에 신제조업 구상을 밝혔다는 사실도 경이롭다. 마윈은 "제조업이 인터넷에 융합되는 것이 중요하다", "제조업과 인터넷 양쪽을 유기적으로 융합시키는 것이 알리바바의 신제조업 전략이다"라고 말했다.

신소매를 실제 실행에 옮기고 있는 가운데, 더욱 커다란 산업인 제조업까지 알리바바 제국에 추가된다면 어떤 성장 속도로 어떤 세계가 창조될까? 미국, 중국, 유럽, 일본에 이어 세계 5위의 알리바바 경제권을 구축하겠다는 비전에 내걸린 마윈의 강한 집착과 추진력이 실로 경이롭다는 말 밖에는 달리 표현할 길이 없다.

세계 어디든 72시간 이내
배송을 지향하다

알리바바가 구축하려는 스마트 물류망은 거대함 그 자체다. 알리바바 그룹은 크게 전자상거래 관련 사업, 금융 사업, 물류 사업의 세 블록으로 나뉘어 있다. 이 중 물류 사업을 담당하는 회사가 차이나오이며 마윈이 회장을 겸하고 있다. 창업은 2013년으로 아직 일천하지만 이곳에 투입되는 자금은 엄청난 액수다. 후지쯔 종합연구소의 진지안민金堅敏 수석 연구원의 보고서에 따르면, 투자액은 1단계 1,000억 위안(17조 원), 2단계 2,000억 위안을 합쳐 3,000억 위안에 달할 것으로 예상되며, 5~8년에 걸쳐 하루 평균 300억 위안

(연간 10조 위안)의 전자상거래를 지원하고 24시간 배달 가능하고 중국 전국을 아우르는 스마트 물류망을 구축할 계획이라고 한다(연구 보고서 〈중국 인터넷 비즈니스의 혁신과 과제〉).

현재 마윈의 비전은 보고서의 예상을 훨씬 뛰어넘는 규모로 확장하고 있다. 5년 이내에 중국 국내는 어디든 24시간 이내, 전 세계는 어디든 72시간 이내에 배달할 수 있는 물류망을 구축하겠다고 공언했기 때문이다. 이를 위해 차이나오는 일본의 일본통운, 미국의 우정 공사와 협력하는 등 해외 사업자와의 연계를 착실히 추진하고 있다.

이런 움직임에서 본다면 아마존과 비교했을 때 알리바바가 다른 협력사에 대해 우호적이라는 사실을 알 수 있다. 일본에서 발생한 아마존과 야마토 운수의 대립에서 보듯이 아마존은 협력사를 하청업체로 취급하는 듯한 면이 있는 반면, 알리바바는 비즈니스 파트너로서 존중하는 태도를 보인다. 전 세계 어디든 72시간 이내에 배달 가능한 배송 체계를 실현할 잠재력을 갖고 있는 기업은 글로벌 비즈니스 파트너들과 원활하게 협업할 수 있는 알리바바일 것이다.

세계 최초의 스마트 시티, 알리바바가 실현할 것인가

5요소 분석법에 따른 '지'의 분석에서 설명했듯이, 알리바바는 마카오 정부와 스마트 시티 구상을 위한 전략 제휴를 체결했다. 마카오는 미국 라스베이거스를 제치고 세계 최대의 카지노 도시로 성장한 곳이다. 다만 최근 싱가포르가 강력한 라이벌로 등장했고 조만간 일본도 경쟁 시장으로 떠오르게 될 것으로 예상된다.

이런 가운데 종래부터 특유의 기동력으로 마카오를 세계 제일의 카지노 도시로 키워낸 마카오 정부의 속도 경영에는 정평이 나 있다. 마카오와 알리바바가 스마트 시티 구상에서 협력한다면 본격적인 성과가 나타나리라는 점은 쉽게 예상할 수 있다.

마카오와 알리바바 양측은 클라우드 컴퓨팅 센터 및 빅데이터 센터를 건설하고 관광업 촉진, 인재 육성, 교통 관리, 의료 서비스, 도시 종합 관리 서비스, 금융 기술로의 응용을 목표로 한다고 발표했는데, 실제 전개는 여기서 멈추지 않을 것이라고 예상된다.

예컨대 블록체인 선진국인 에스토니아를 능가하는 수준의 블록체인 기술을 마카오의 스마트 시티로 실현하려 한다는 추측이 가능하다. 더 구체적으로는 에스토니아처럼 국가와 국민 인프라 부분을 블록체인과 전자화함은 물론, 스마트 시티를 기점으로 블록체인을 활용한 새로운 가상화폐 확산도 염두에 두었을 수 있다. 알리바바가 자율주행 자동차에 거액을 투자하고 있다는 점에서 마카오가 버스 및 택시의 완전 자율주행을 실현하는 세계 최초의 도시가 될 수도 있다. 화폐, 납세, 의료, 교육, 관광, 각종 인프라에 이르기까지 블록체인과 스마트폰이 융합한 스마트 시티는 마카오에서 창조될 가능성이 크다.

알리바바의 세계 진출을
방해하는 요인

물론 알리바바의 세계를 저해하는 위험 요소가 없지는 않다. 예를 들면 그룹 내에 상장 기업과 비상장 기업이 혼재해 있다는 점에서 비롯되는 기업 지배구조 문제, 회계의 질적인 문제, 이익 상반의 가능성등이다. 선진국의 상장 기업에서는 알리바바 그룹처럼 수많은 상장 기업과 비상장 기업이 혼재해 있어 어떤 사업을 어떤 기업에서 하고 있는지 불투명한 상황이 허용되지 않는다. 향후 알리바바 그룹의 기업이 상장을 실현해갈 때는 그룹 전체의 기업 지배구조에 대한 압력이 거세질 것으로 예상된다.

이상의 내용을 종합적으로 봤을 때 알리바바 그룹의 전반적인 상황은 불투명하다. 마윈은 아마존이 모든 것을 자체적으로 해결하려는 제국인 반면 알리바바는 플랫폼이라고 주장하지만, 현상만 놓고 보면 오히려 알리바바가 더 제국에 가깝다.

또한 중국 브랜드가 선진국에서 통용될 수 있는지도 미지수다. 게다가 가짜 상품 문제도 심각하다. 특히 C2C 사이트인 타오바오에서는 복제품이나 조악품 등 가짜 상품이 팔리고 있다는 지적이 잇달아 터져 나오면서, 미국과 유럽의 유명 브랜드로부터 타오바오에서 팔리는 상품 중 80퍼센트가 가짜라는 통렬한 비판을 받았다.

알리바바도 대책 마련에 서두르고 있다. 중국의 알리바바에서 세계의 알리바바로 도약하려면 쏟아지는 악평을 개선해 안전성을 높이고 고객과 신뢰 관계를 구축할 필요가 있다는 점은 인지하고 있는 바다. 마윈 또한 미국 무역대표부가 제기한 비판에 대해 위조품은 알리바바의 암 덩어리라고 답변하고, 당국과 협력해 빅데이터를 활용한 개선책을 내놓겠다고 말했다. 앞서 소개했듯이 PwC와 구축하고 있는 블록체인 활용 유통 관리 시스템은 위조품 문제의 돌파구가 되는 대책일 것이다.

알리바바의 최대 위험 요인은 중국 리스크다. 시진핑 국가 주석은 중국에서 신질서를 밀고 나가기 위한 통제를 강화하고 있다. 한편 원래 중국의 기간산업 외적인 업종으로 분류되던 알리바바가 전개해온 사업은 아이러니하게도 국유 기업이 맡아야 마땅한 기간산업 수준으로 성장해왔다.

알리바바는 지금까지 설명한 사업 영역 이외에 콜택시 서비스 등 셰어링 비즈니스에서 독점적인 시장 점유율을 확보하고 있다. 중국 내에서 제국화한 알리바바의 최대 위험 요인은 국유화 리스크 혹은 중국 정부의 강력한 통제에 따른 리스크다.

이런 분위기를 의식했는지 최근 마윈은 중국 정부를 상당히 배려하는 듯한 발언을 이어오고 있다. 다만 중국 정부에 대한 충성심의 표출은 알리바바가 본격적인 글로벌 기업으로 발돋움하는 데 커다란 걸림돌이 될 것이다. 국유화 리스크, 혹은 중국 정부와 영합할 수밖에 없는 전개가 닥쳐와 세계를 더 살기 좋게 만드는 기업이 아니라 실제로는 중국의 국익만을 생각하는 기업으로 간주될 리스크가 표면으로 드러날 가능성이 있기 때문이다. 현재로서는 아직 위험 징조가 보이지 않지만, 알리바바가 중국의 거대한 시장과 정부의 지원을 배경으로 급성장할 수 있었던 것 또한 사실이다. 앞으로 풀어가야 할 난제가 수두룩하게 놓인 알리바바. 마윈이 보여줄 미션 리더십의 진가와 진정성이 이제 시험대에 올랐다.

제7장

아마존을 어떻게
공략할 것인가

amazon

왜 아마존은
도마 위에 오르나

미국 경제지 〈포춘Fortune〉은 매년 세
계에서 가장 칭찬받는 기업 순위를 발표한다. 미국 경영자라면 누구나
목표로 삼는 권위 있는 순위에서 아마존은 2017년 당당하게 2위에 올
랐다. 금융 전문지 〈바론스Borron's〉가 발표하는 세계에서 가장 존경받
는 기업 순위에서도 2017년 3위에 올랐다. 보스턴 컨설팅 그룹Boston
Consulting Group이 발표한 가장 혁신적인 기업 순위에서는 2016년 5위
를 차지했다.

브랜드 이미지와 최고 수준의 고객 평가 덕분에 아마존이 명실상부
한 세계 최강의 기업인 것처럼 보이지만 반대로 평가가 전혀 좋지 않
은 순위도 있다.

대형 리서치업체인 리퓨테이션 인스티튜트Reputation Institute가 발
표한 글로벌 기업의 사회적 책임CSR 순위에서는 2016년 62위였다.

국제 컨설팅 기업 유니버섬Universum이 발표한 가장 매력적인 고용주 순위에서는 2017년 26위에 그쳤다.

기업으로서 아마존의 종합 평가에 비해 CSR 평가와 CEO로서의 베조스의 평가는 그다지 좋지 않다는 사실을 분명하게 알 수 있다. 〈하버드 비즈니스 리뷰〉가 발표한 2016년 CEO 순위에서 베조스는 재무적인 순위는 1위인 반면 ESG(환경·사회·지배구조) 순위는 고작 828위에 머물러 종합 순위 87위였다. 구글, 페이스북, 애플 등 다른 4대 IT 기업 CEO에 비해서도 이례적인 저평가다.

에브리싱 스토어와 에브리싱 컴퍼니로서 아마존의 지위는 언뜻 대단히 견고한 것 같지만 낮은 평가 순위를 보면 칭찬받는 면만 있는 것은 아니라는 점을 알 수 있다. 실제로 미국에서는 아마존에 대한 비판의 목소리가 작지 않다. 주된 비판 내용은 다음과 같이 정리할 수 있다.

첫 번째는 국가 차원을 넘어선 영향력이다. 소매 사업과 물류 사업이야 그렇다 쳐도 우주 사업과 기타 각종 인프라 정비는 본래 국가가 맡아야 할 역할이라는 것이다. 테크놀로지가 진화함에 따라 하나의 민간 기업이 인프라를 맡을 수 있는 시대다. 하지만 아마존은 어디까지나 민간 기업이며 국가로서의 책무를 수행해야 하는 것은 아니다. 국가가 아님에도 국가보다 강대한 영향력을 갖는다는 데서 문제가 발생한다고 보인다. 아마존의 비대해진 영향력에 막연한 불안감을 느끼는 사람도 적지 않을 것이다.

두 번째는 독점 문제다. 아마존이 제공하는 사용자 경험이 뛰어난 것은 분명하지만 그렇다고 해서 아마존 1강 체제인 현 상황이 정말로 바람직한 것인지는 생각해볼 일이다.

실제로 아마존이 성장함에 따라 더 많은 소매업자가 폐점으로 내몰리고 있다. 미국지역자치연구소ILSR의 추산에 따르면 2015년까지 1억 3,500만 평방피트 이상의 오프라인 점포가 공실이 되었다고 한다. 너무나 막강한 아마존이 경쟁사를 쫓아냄으로써 경제 전체가 쇠퇴하지는 않을까 우려된다. 사용자들이 무엇이든 아마존에서 살 수밖에 없는 상황을 진정으로 행복하게 느낄지도 의문이다.

세 번째는 사회의 약체화 가능성이다. 아마존이 종업원의 고용과 임금을 억압하고 소득 격차를 확대시키고 있다는 비판이 꾸준하게 제기된다. 이런저런 편법으로 과세를 회피하고 있는데, 아마존이 2015년 4분기 357억 달러의 매출에 대해 미국 연방 정부에 납세한 금액은 7,300만 달러였다. 실효세율이 불과 2퍼센트라는 지적도 있다. 만약 실제로 아마존이 다른 오프라인 점포를 폐업으로 몰고 가는데도 정작 자신은 세금을 지불하지 않는다면 지역사회는 재원이 줄어들 수밖에 없다.

네 번째는 소비자의 잠재적인 위협이 되고 있다는 점이다. 아마존은 방대한 고객 정보를 배경으로 뛰어난 사용자 경험을 개발해왔다. 하지만 사용자는 서비스를 누리는 대가로 개인정보를 고스란히 노출당하고 있다. 이에 따른 위험도 고민해볼 필요가 있다.

이제부터 위의 네 가지 비판에 관해 생각해보기로 한다. 주로 미국에서 제기되고 있는 강도 높은 비판을 소개할 텐데, 아마존을 비판하는 것이 이번 장의 목적은 아니다. 비판 내용 중에는 근거자료가 빈약한 것도 있다. 아마존이 미국에서 찬반양론의 중심에 있는 가운데, 기업과 경영자란 어떠해야 하는지를 독자 각자의 입장에서 생각해보는 기회를 제공하는 것이 이번 장의 진정한 목적이다.

국가를 뛰어넘는
메가테크 기업의 영향력

경제학자 미즈노 가즈오水野和夫 교수의 책《닫혀가는 제국과 역설의 21세기 경제閉じてゆく帝国と逆説の21世紀経済》는 다음과 같은 문장으로 시작된다.

"세계화를 부정하는 움직임이 선진국 국민 사이에 급속도로 확산되고 있다. 영국 국민은 유럽연합 탈퇴를 선택하고, 미국은 불법 이민자 국외 추방과 외국산 제품 관세 인상을 주장하던 트럼프를 대통령으로 선택함으로써 반세계화의 조류는 누가 봐도 분명해졌다. 지금까지 세계화의 선봉장 격이었던 영미 양국 국민이 모두 세계화를 향해 물음표를 던졌다. 다시 말해 세계에 대해 '닫는다'는 선택을 한 것이다."

미국과 영국이라는 대국이 문을 걸어 잠그는 시대다. 세계에 미치는 대국의 영향력이 약해져가는 시대이기도 하다. 비트코인 등 가상화폐의 열기가 이를 뒷받침한다. 지금까지 국가가 관리해왔던 화폐와는 달리 정보가 블록체인상에 분산되어 있기 때문에 국가 차원에서는 관리가 어렵다.

애초에 국가란 어떻게 정의되는 것일까? 국제관계학이나 정치학에서는 국가의 3요소로서 영토, 국민, 주권을 꼽는다. 영토의 조건은 영토, 영해, 영공이 일정하게 구획되어 있는 것이다. 국민으로서의 주민은 항구적으로 소속되어 일시적인 호불호 때문에 이탈하거나 복귀할 수 없다. 주권이란 정통의 물리적 실력을 뜻하며 이 실력은 대내외적인 성격을 지니고 배타적으로 행사할 수 있어야 한다고 정해져 있다.

현재 인류의 활동 영역이 현실 세계에서 디지털 세계, 우주 공간으로 확장됨에 따라 상대적으로 좁은 의미의 영토는 중요도가 떨어졌다. 정치적으로 규정된 지리보다 기능적인 지리가 더 중요하다는 논의도 있다. 세계 경제 포럼에서 '세계 젊은 지도자'로 선정된 국제 관계 전문가 파라그 카나Parag Khanna는 자신의 저서 《커넥토그래피 혁명》에 이렇게 적었다.

거대한 기반시설은 자연지리학과 정치지리학의 장애물을 극복하고 있다. 이런 기반시설을 지도에 표시하는 것은 정치적 공간에 따라 세계를 구성하는 시대(어떻게 지구를 법률적으로 분할하는가)가 기능적 공간에 따라 세계를 구성하는 시대(어떻게 지구를 이용하는가)로 변하고 있다는 사실을 알려준다. 이런 새로운 시대에 법적인 정치적 국경의 세계는 사실상 기능적인 연결의 세계에 자리를 내주고 있다. 국경은 정치지리학에 의해 누가 누구로부터 분리되어 있는지를 알려준다. 반면 기반시설은 기능적 지리학에 의해 누가 누구와 연결되어 있는지를 보여준다. 우리를 연결시키는 모든 선은 우리를 분리시키는 국경을 초월하기 때문에, 기능적 지리학은 정치지리학보다 점점 더 중요해지고 있다.

아마존 같은 글로벌 기업은 국경을 초월하고, 산업 간의 장벽을 초월하고, 인터넷과 현실의 경계를 초월하고, 지구와 우주의 경계를 초월해 사람들을 연결하고 있다. 이처럼 거침없이 세계화의 문을 '여는' 것이 그들 입장에서 생명선이라고 할 수 있다. 이제는 우주 사업처럼 본래 국가가 맡아야 할 공공 서비스를 제공하는 수준에 이르렀다. 결과적으로 세계에 대해 '닫는' 길을 선택한 국가를 초월하는 영향력을 가진 셈이다.

이런 움직임은 닫는 선택을 한 미국이나 영국과 같은 대국과는 대조적으로, 스위스, 싱가포르, 이스라엘과 같은 작은 나라들이 여는 선택을 함으로써 국제 경쟁력을 높이는 방식과 비슷하다. 앞에 언급한 작은 나라들은 모두 세계 경제 포럼이 발표한 국제 경쟁력 순위의 상위에 올라 있다. 오히려 작은 나라들이 글로벌 기업 또는 메가테크와 같은 국가 운영을 하고 있다고 볼 수 있다.

서장에서도 활용했는데, 경영학에는 정치적·경제적·사회적·기술적 요인이 각각 국가, 산업, 기업, 사람에게 어떤 변화를 가져다주는지를 분석하는 PEST 분석 도구가 있다. 각 모든 요인에서 속도감이 증가하고 있는 오늘날, 국가에도 기업 경영과 같은 속도감이 요구된다.

스위스를 예로 들어보자. 스위스는 면적이 일본의 9분의 1이고, 인구는 15분의 1 정도이며, 천연 자원이 부족한 나라다. 하지만 국제 경쟁력 순위는 2009년부터 9년 연속 1위를 차지하고 있다. 스위스의 1인당 GDP는 세계 2위로 일본을 훌쩍 뛰어넘는다. 산업계를 살펴보면 식품의 네슬레, 시계의 스와치 그룹, 보험의 취리히 등 수많은 글로벌 기업을 배출하고 있다. 스위스가 국가 책임하에 우수한 교육환경, 생활환경, 사업환경을 정비함으로써 우수한 인력, 물자, 자금, 정보를 집중했기 때문에 가능했던 일이다. 이 점은 글로벌 기업과 일맥상통하는 부분이다.

말할 것도 없이 아마존은 어디까지나 하나의 민간 기업이지 국가가 아니다. 하지만 국가와 맞먹을 만큼의 영향력을 가진 것 또한 사실이다. 앞서 국가의 3요소로 소개한 영토, 국민, 주권에 비유하자면, 아마존은 사이버 공간이라는 영토를 지배한다고 볼 수도 있다.

아마존은 일반적인 국가 이상의 영향력을 행사하지만 실제로 국민에 대해 국가로서의 다양한 책무를 다해야 하는 것은 아니다. 국가가 갖는 책임과 의무, 아마존이 가져야 할 책임과 의무 사이의 간극이 아마존에 대한 비판을 불러오고 있다.

요새 안에서의 쇼핑은
우리를 행복하게 하는가

온라인 쇼핑 시장 점유율은 46퍼센트이며, 현재 미국에서 온라인 쇼핑을 즐기는 소비자 중 55퍼센트가 구글과 같은 검색 엔진을 거치지 않고 아마존에 직접 접속한다는 조사가 있다. 책을 비롯해 가전, 패션, 신선식품까지 구비했기 때문에 무엇이든 아마존에서 사는 사용자는 해마다 늘어나고 있다.

아마존 마켓플레이스, 아마존 프라임, 독자적인 물류 시스템인 FBA

는 물론, 무인 편의점 아마존 고, 음성인식 비서 알렉사를 탑재한 스피커 아마존 에코, 아마존을 메가테크 기업답게 만드는 클라우드 서비스 아마존 웹 서비스까지. 다양한 서비스를 연달아 투입함으로써 아마존은 온라인 소매 기업에 머물지 않고 사람들의 생활과 상거래의 모든 측면, 즉 경제 전체의 점유율을 높여가고 있다.

모든 서비스가 시너지 효과를 내면서 아마존은 사람들이 경제 활동을 할 때 빼놓을 수 없는 인프라로 자리매김했다. 아마존은 플랫폼을 표방한다지만 이제는 인프라라고 표현해야 적절할 것 같다. 아마존 인프라는 그간 축적한 빅데이터에서 얻은 뛰어난 사용자 경험과 철저한 고객 중심주의로 끊임없이 개선되어왔기 때문에 사용자 입장에서는 아마존을 저버리기가 점점 어려워졌다.

이제 사람들은 아마존이라는 인프라 없이는 생활할 수 없을지도 모른다. 나도 책과 잡화를 아마존에서만 구입하다 보니 문득 아마존이 마치 요새 같다는 생각이 든다. 일단 발을 들여놓으면 소비자든 사업자든, 심지어 경쟁 사업까지 포위되어 아마존 요새 속에서 모든 경제 활동이 완결된다. 더 정확하게 말하면 본인의 의지와 상관없이 그렇게 될 가능성이 있다.

아마존은 자사 인프라를 바탕으로 궁극에 가까운 편의성을 사용자에게 제공해왔다. 반면에 아마존 요새에서 소외된 산업과 기업을 초토화하고 새로운 사업 기회와 성장 기회를 박탈한다는 비판을 면하기는 어려워졌다.

예를 들어 아마존은 윤택한 자금을 기반 삼아, 전략적으로 필요하다고 판단한 상품이 있다면 해당 품목을 적자를 볼 만큼 저렴한 가격에 판매하고 있다. 이래서야 충분한 자금력을 갖추지 못한 다른 기업은 당해낼 재간이 없다. 빼앗은 고객을 가두는 데 기능하는 것이 아마존 프라임이 제공하는 각종 특전이다. 이로써 고객은 아마존이 아닌 곳에서 쇼핑할 동기가 사라진다.

결과적으로 경쟁 관계에 있는 소매업자도 아마존이라는 플랫폼상에서의 판매를 강요당한다. 아마존은 자사 플랫폼에서 영업하는 소매업자로부터 세금과 같은 형태로 수수료를 징수한다. 돈뿐만이 아니다. 각 판매업자의 판매 데이터 역시 아마존의 소유이며 아마존은 데이터를 자사의 독자 상품 라인업 전개에 활용한다.

요컨대 아마존은 타사 데이터를 사용해 자사 상품을 개발하고, 타사 가격 전략을 참고해 가격을 인하하며, 그에 따라 시장 점유율을 확대하고, 얻은 이익으로 요새를 더욱 견고히 만드는 측면이 있다. 경쟁사 입장에서 공포를 느끼는 사이클이다.

아마존 자체 상품의 대부분이 검색 목록 상위에 표시된다는 이야기도 나온다. 이 말이 사실이라면 독점 금지법을 위반하고 있을 가능성이 높다. 그러나 이 문제는 둘째치더라도, 아마존이 거대한 시장 점유율 차지에 그치지 않고 인프라를 통째로 지배하는 상황에 이르렀다는 점에 많은 사람이 위기감을 느낀다. 경쟁 사업자조차 비즈니스를 펼치려면 일단 아마존의 문부터 두드려야 한다는 괴로운 상황에 놓였기 때문이다.

사용자 입장에서 아마존에 포위된 상황이 진정 행복한 것인지는 생각해볼 일이다. 원하는 물건은 전부 아마존에서 살 수 있고, 당장 살 물건이 떠오르지 않아도 자신의 구매 이력 등 빅데이터를 분석한 아마존이 상품을 알아서 추천해준다. 물론 이것이 훌륭한 사용자 경험이라는 점은 틀림없다.

그러나 현실은 아마존이라는 요새 안에 갇힌 상태에서 빠져나올 수 없을 뿐이라고도 할 수 있다. 문득 아마존의 바깥 세계에 더 좋은 물건이 가득할지도 모른다는 의문이 떠오르지는 않을까? 자신의 자유가 제한된 듯한, 개인의 존엄이 손상당한 듯한 기분이 들더라도 이상한 일은 아니다.

고용 삭감, 낮은 임금, 지역 경제 쇠퇴에 대한 비판

아마존이 종업원의 고용과 임금을 억압하고 있다는 정보는 미국에서 여러 차례 보고되었다. 아마존은 지금까지 소매 부문에서 10만 명 이상의 일자리를 삭감했다고 전해지고 있으며, 삭감 속도 또한 아마존의 성장에 따라 해마다 빨라지고 있다.

아마존 배송 창고에 근무하는 노동자는 물류배송 관련 업무가 상당한 중노동임에도 같은 지역 내에 있는 다른 배송 창고에 근무하는 노동자에 비해 평균 15퍼센트 낮은 임금을 받는다.

배송 창고 노동자 대부분이 기간제 혹은 시즌제 고용이다. 이 같은 고용 형태는 노동자가 업무 관련 산재를 당했을 때 책임을 회피하기 위한 것이며, 직접 고용 및 노동 조건 개선을 요구하는 노동자의 목소리를 잠재우려는 것이라는 비판이 있다. 특히 아마존은 시즌제 고용에 대한 의존도를 강화하고 있는데, 미국 30개 도시에서는 프리랜서 택배 기사가 앱에서 지시를 받아 배송하고, 각 배송 건마다 비교적 낮은 액수의 보수를 받는 구조로 이행하고 있다는 지적이다.

고용 형태 변화의 배경에는 배송 창고의 자동화가 있다. 최신 주문 이행 센터에는 로봇이 설치되어 있으며 앞으로 드론 배달도 시작될 것이다. 정규직 직원을 고용하지 않으려는 경향이 점차 강해질 수밖에 없다.

아마존 측은 사업 비용을 줄이면 그로 인한 효과를 고객에게 환원할 수 있다고 주장한다. 다만 노동자와의 이익 배분이라는 문제가 배경에 있다. 게다가 극소수의 간부나 대주주에게 매우 커다란 부를 가져다주는 것이 소득 격차를 확대시키는 하나의 요인이다.

또 지역 경제를 약화시킨다는 비판도 거세다. 우선 아마존이 성장함에 따라 지역에 자리 잡고 있던 소매업자가 잇달아 폐점으로 내몰리고 앞서 설명한 대로 ILSR의 추산에 따르면 2015년까지 1억 3,500만 평방피트 이상의 오프라인 점포가 공실 매물로 나왔다.

한편 아마존은 인터넷 쇼핑업체라는 이유로 지금까지는 오프라인 점포 없이 일부 지역에 최소한의 창고를 두는 데 머물렀다. 따라서 지역사회 입장에서의 귀중한 재원인 고정 자산세를 거의 내지 않는다. 2015년에는 아마존과 관련된 미국 전체의 자산세 수입 감소는 5억 2,800만 달러에 달한다.

만약 정말로 아마존이 성장할수록 종업원이 본래 받아야 할 이익이 줄어들고 오프라인 소매 점포가 폐점하며 지역사회의 재정이 악화된다면, 성장에 따른 보상으로 고객에게 뛰어난 사용자 경험을 제공한다 해도 비판을 받는 것은 불가피하다. 이런 비판 때문에 앞서 설명한 기업의 사회적 책임 측면 등에서 아마존이 낮은 평가를 받았다고 볼 수 있다.

최근 기업의 사회적 책임이 이슈가 되고 있다. 기업은 사회의 공기 公器여야 한다는 기업의 사회적 책임의 이념에서 본다면 진정한 고객 중심주의란 협의의 고객뿐만 아니라 넓게는 거래처와 관련 업계, 사회 전체까지를 소중히 여기는 가치관이라 해야 할 것이다. 베조스가 직접적인 고객에 대한 생각은 매년 연간 보고서 중에서 그토록 강도 높게 언급하면서도, 사회적 책임에 관한 언급을 거의 하고 있지 않다는 점은 실로 유감스러운 일이다.

편의성 vs. 개인정보 보안
– 잠재적인 위협

아마존은 개인 특정으로 연결되는 빅 데이터를 수집하면서 개인을 특정하는 것 자체를 목적으로 하지는 않는다. 아마존은 고객 중심주의하에 고객을 연구하고, 연구에 따른 보상으로서 소비자에게 뛰어난 사용자 경험을 제공한다. 이 자체는 납득할 수 있는 범위다. 하지만 현실적으로 개인정보가 완전히 보호받지 못한다는 문제가 된다.

일본의 경우 2017년 봄부터 개인정보보호법 개정안이 시행되었다. 이번 개정안으로 빅데이터 이용 및 활용을 촉진할 계기가 마련되었는데, 여기에는 주된 세 가지 골자가 있다.

첫 번째는 개인 식별 부호가 개인정보로 명확히 규정됨으로써 얼굴 인식 정보를 취득할 때 취득 동의와 이용 목적 명시가 필요해졌다는 점이다.

두 번째는 빅데이터로서 익명 가공 정보를 다른 기업 및 단체가 이용하고 활용할 수 있다는 점이다. 이것이 가장 큰 핵심이다. 여기서 말하는 익명 가공 정보란 특정 개인을 식별할 수 없게끔 개인정보를 가공한 정보이며 원래의 개인정보로 복원할 수 없는 데이터다. 이런 익명 가공 정보의 취급을 일반적인 개인정보보다 완화하겠다는 것이다.

세 번째는 규칙에 의거한 개인정보의 제3자 제공 및 이용의 모호성이 제거되었다는 점이다. 따라서 일정 조건을 충족한다면 익명 가공 정보를 제3자에게 제공할 수 있다.

요컨대 빅데이터가 더욱 적극적으로 활용될 수 있도록 익명 가공 정보라는 형태로 개인정보를 엄격하게 보호하겠다는 취지인데, 사실상 전혀 보호되지 않는다고 봐야 한다. 제3장에서 다루었듯이 아마존은 지금까지 구매 데이터, 음성 데이터, 이미지 데이터, 동영상 시청 데이터 등 빅데이터를 축적해왔다. 장차 빅데이터 목록에 소비자 개개인의 24시간 365일 위치 정보 데이터도 추가될 것이다. 만약 아마존이 정보의 일부를 비즈니스로서 외부에 유통시키고 정보를 활용하는 기업이 이미 가지고 있는 데이터와 조합한다면, 오늘날의 AI 수준으로는 개인을 특정하는 것이 얼마든지 가능한 시대이기 때문이다.

개인정보 보호는 인터넷의 확대와 함께 주목받는 주제다. 이제까지 유럽연합에서는 인터넷상에 확산된 개인정보의 잊힐 권리에 관해 논의해왔다. 개인정보가 인터넷상에 일단 한번 확산되면 삭제하기가 현실적으로 거의 불가능하며, 그로 인해 정신적인 고통을 맛보거나 이후의 삶에 악영향을 미칠 위험마저 있다.

유럽연합이 제정한 개인정보보호법 제17조 조항에서는 자신과 관련된 개인정보를 관리자에게 지체 없이 삭제할 수 있도록 요청할 권리를 인정하고, 개인정보 관리자는 지체 없이 개인정보를 삭제해줄 의무가 있다고 명시했다.

일본 주오 대학교의 미야시타 히로시宮下紘 교수가 쓴《빅데이터의 지배와 프라이버시 위기ビッグデータの支配とプライバシ_危機》는 이후에 있었던 유럽연합 사법재판소의 구글과 관련한 판결에 관해 언급했다.

스페인에 거주하는 한 남성이 사회보장비를 체납했다는 이유로 자택이 경매로 넘어갔다는 기사가 지역 신문에 게재된 적이 있었다. 그런데 기사가 전자화되면서 시간이 10년 이상 지났음에도 본인의 이름을 구글 검색창에 입력하면 해당 기사가 계속 표시되었기 때문에 남성은 신문사와 구글을 상대로 정보 삭제를 요구했다. …… 유럽연합 사법재판소는 남성의 주장을 인정해 구글에 검색 결과 삭제를 명령했다. 판결문 중에서 남성 측이 주장한 잊힐 권리라는 표현을 인용하여, 수집 또는 처리 목적 관계에서 시간의 경과에 비추어봤을 때 부적절, 무관계 혹은 이미 관련성을 잃었거나 과도하다고 간주되는 경우에 개인정보 검색 결과의 삭제가 가능하다고 했다.

이처럼 프라이버시 보호를 중시하는 유럽연합에 비해 미국은 표현의 자유를 존중하는 경향이 있다. 다만 그렇다고 해서 프라이버시 보호 의무가 없는 것은 결코 아니다.

개인의 자유로운 선택 차원에서 개인정보 취급을 각자에게 위임했지만, 개인의 선택에 대해 기만적인 방법으로 개인정보를 취급한 경우 미국에서는 연방거래위원회가 법 집행 기관으로서의 역할을 수행해왔다. 연방거래위원회는 2012년 8월 구글이 이용자의 쿠키[웹 사이트를 방문할 때 만들어지는 정보를 담는 파일]를 가지고 정보를 추적하지 않는다는 점을 명시했음에도 이용자의 웹 열람 이력을 수집한 사안에 대해 2,250만 달러의 벌금을 명령했다.

제3장에서 분석한 대로 장차 아마존은 고객이 개인정보를 제공하는 것을 납득할 만한 추가적인 신규 서비스를 투입할 것이다.

다만 개인의 프라이버시가 침해되는 보상으로서 정말 충분한지는 고민해보아야 한다. 아마존이 프라이버시 보호 위반으로 도마 위에 오를 가능성도 배제할 수 없다. 개인정보를 제3자에게 넘겼을 때 위험 요소는 무엇일지 등 앞으로 빅데이터와 프라이버시에 얽힌 깊이 있는 논의를 해갈 필요가 있다.

진정한 고객 중심주의

아마존이 말하는 좁은 의미의 직접적인 고객을 대상으로 하는 고객 중심주의와 사용자 경험에 대한 철저한 집착은 의심할 여지없이 진정성이 있다. 아마존의 핵심 가치는 그림의 떡으로 끝나지 않고 임직원 개개인에게 침투되어 상품과 서비스, 비즈니스 모델에 충실하게 녹아들어 있다. 그것이 바로 아마존이 지닌 강력함의 정체다.

다만 압도적인 영향력이 오히려 화근이 되어 주위와 마찰이 너무 잦아 적을 많이 만들고 정보 표시가 너무 빈약한 탓에 과도한 오해를 낳는다는 비판이 끊이지 않는다. 그것이 앞서 소개한 바와 같이 기업의 사회적 책임 면에서나 CEO로서의 베조스가 낮은 평가를 받는 이유다.

아마존 프라임 회원이자 애용자이기도 한 나 역시 이 정도 강자가 경쟁사 혹은 지역사회와의 공존 경영을 경시하는 듯한 태도를 취하는 것은 매우 유감스럽다. 우주 사업에 관해 말할 때 '인류를 우주로'라며 사명감을 유감없이 드러내는 베조스와는 전혀 다른 사람처럼 보인다. 비록 동영상이지만 자신의 우주 사업을 설명할 때 베조스는 진심어린 사명감을 담아 열정적으로 말했다.

"지구의 미래를 생각하면 인류의 몇 퍼센트 정도는 우주에 살아야 하는 시대가 도래할 것입니다. 전 세계 인구를 억제하는 것은 바람직한 방법이 아닙니다. 차라리 지구와 우주로 나뉘어 각자 원하는 곳에 살게 하는 편이 낫습니다. …… 앞으로 훨씬 먼 훗날의 일일지도 모르지만 나는 이런 일에 이바지하고 싶습니다."

이 같은 사회 전체와 인류 전체에 대한 사명감을 아마존의 사업에도 적용해야 한다는 점을 지적한다. 엄청난 영향력을 가진 이상, 협의의 고객 중심주의뿐만 아니라 제6장에서 예로 들었던 마윈처럼 사회적 공기로서의 자각과 책임을 더욱 실체화해야 할 것이다. 아마존 저팬의 경우 삼보요시三方良し[사는 사람, 파는 사람, 세상의 3자 모두 좋아야 한다는 에도 시대 상인의 경영 이념]를 중시하는 일본 특유의 기업 문화나 요구사항을 미국 본사에 이해시키는 데 부심하고 있다. 베조스가 존경받는 기업인인 만큼 이에 대한 전향적인 태도 변화에 기대를 걸어본다.

아마존에 사각 지대는 존재하는가

미국에서 아마존과 베조스를 향한 찬반 양론이 이토록 격렬한 이유는 아마존의 독점적 체제 때문이기도 하다. 경쟁사가 아마존의 아성을 무너뜨릴 방법은 없을까? 아마존 요새를 공략해 들어갈 곳은 없을까? 여기서는 그 가능성을 검토해본다.

제1장에서 언급했던 마이클 포터 교수의 세 가지 기본 경쟁 전략으로 돌아가면, 아마존은 전방위적으로 원가 우위 전략과 차별화 전략을 양립시키고 있는 압도적인 제왕이라는 사실을 알 수 있다. 이것만 놓고 보면 아무도 아마존에 도전할 엄두를 내지 못한 채 아마존의 요새에 들어가는 편이 신상을 위해 좋다는 태도를 취하게 될지도 모른다.

특정 분야에 초점을 맞추는 전략으로 아마존에 대항하는 방법은 불가능할까?

한 가지 방법으로 특정 상품 카테고리에 특화된 형태로 원가 우위 전략을 취하는 선택지가 있다. 다만 현실적인 부분을 감안한다면, 아마존의 규모, 범위, 속도의 경제 앞에서 특정 분야만으로 아마존을 능가하는 원가 우위를 발휘하기란 거의 불가능에 가깝다.

그렇다면 특정 분야에서 집중해서 차별화 전략을 취하는 선택은 어떨까? 결론부터 말하자면 이 방법이 아마존에 저항하기 위한 유일한 수단이 될 가능성이 높다.

아마존은 전방위적으로 승부를 걸고 있는 반면, 많은 소비자에게 쉽게 수용될 수 있는 상품과 서비스밖에 펼치지 못하는 한계가 있다. 이른바 날카로운 선택은 하지 못하는 셈이다. 실제로 매일같이 아마존에 접속하는 애용자라도 아마존 사이트를 보면서 반드시 즐겁고 마음이 평안하다고는 할 수 없다. 많은 사용자가 범용적으로 사용할 수 있도록 아마존 측에서 굳이 그렇게 만들어놓은 것인데, 바로 그 부분에 공략 포인트가 있다.

즉 아마존에 저항하려면 아마존에 없는 즐거움이나 정서적 가치에서 승부를 보는 것이 중요하다. 실제로 일본 라쿠텐에서는 아마존에 비해 입점자의 철학이나 가치관이 담긴 점포가 운영되고 있다.

그런 의미에서 라인의 스마트 스피커인 웨이브WAVE는 아마존 공략의 커다란 힌트를 주는 제품으로 기대를 모으고 있다. 제2장에서 설명했지만 여기서 좀 더 자세히 살펴보자.

웨이브는 2017년 여름 체험판이 발매되어 2017년 말에 일본에 출시된 아마존 에코보다 출발이 앞섰다. 현재 웨이브의 기능은 시계와 일기 예보, 알람 설정 및 정액제 음악 무제한 듣기 서비스인 라인 뮤직LINE MUSIC 재생 등이다. 음성 AI를 탑재하고 있고 음성만으로 조작할 수 있다는 점에서는 아마존 에코와 같다. 하지만 아마존 에코에 비해 기능이 훨씬 적고 독창성이 떨어진다. 정식판에서 많은 개선이 이루어지지 않는다면 소비자들이 스마트폰보다 더 큰 매력을 느끼지는 못할 것으로 보인다. 웨이브 이외에도 스마트 스피커의 출시가 이어졌다. 구글의 스마트 스피커 구글 홈Google Home은 2017년 10월에 출시되었다. 제2장에서 언급했듯이 아마존 에코는 스마트 홈의 플랫폼으로 구상되어 있고, 아마존 에코에 탑재된 음성인식 AI 알렉사는 생활 서비스 전반의 생태계를 형성한다. 즉 아마존 에코는 단순한 스피커가 아니다. 과연 타사의 스마트 스피커는 거기까지 내다본 제품일까? 내다봤다고 해도 그것이 아마존 에코를 넘어서는 수준일까? 어쩌면 아마존 에코의 우수성만 다시금 상기시킬 뿐이다. 만약 플랫폼 및 생태계 전략을 아마존과 동일하게 가져간다면 승산은 희박하다.

그러나 아마존 에코와는 또 다른 즐거움과 사용성을 제공해줄 스마트 스피커가 탄생할 가능성도 있다. 웨이브가 기대를 모으는 이유가 바로 여기에 있다.

일본에서 라인 메신저는 스마트폰 시대의 커뮤니케이션 도구로 높게 평가되면서 급성장을 이루었다. 즉 라인은 커뮤니케이션 도구라는 특정 분야에 강점을 갖고 있다. 그렇다면 웨이브가 커뮤니케이션 도구로 진화한다면 그것만으로도 아마존 에코를 상회하는 인기를 차지하는 미래가 있을 법하다.

잘 생각해보면 미국에서 아마존 에코가 폭발적인 인기를 모은 이유는 스피커 자체의 기능보다는 말을 걸기만 해도 전부 해결된다는 사용자 경험을 갖추었기 때문에, 즉 테크놀로지이면서 인간의 자연스러운 욕구를 충족했기 때문이라고 분석된다. 아마존 에코의 신규 모델이자 모니터가 달린 디바이스인 에코 쇼는 일상생활에서 대화할 때와 마찬가지로 상대방의 얼굴을 보면서 말할 수 있는 기능을 탑재했다.

이런 기능에서라면 라인도 결코 뒤지지 않는다. 라인이 일본 내 이용률 90퍼센트에 육박할 정도로 보급된 이유는 기존의 커뮤니케이션 도구에 비해 가볍고 스트레스 없이 사람과 사람이 평소 대화할 때와 똑같은 편안함과 속도감을 실현했기 때문이다.

분명 여기서 한 발짝 더 나갈 수 있다. 앱을 띄울 필요 없이, 이모티콘을 입력할 수고를 들일 필요 없이, 방 안에서 단지 말을 걸기만 해도 멀리 있는 친구나 가족과 대화가 시작될 수 있다면 어떨까? 이런 커뮤니케이션을 표현할 수 있는 스마트 스피커가 있다면 스마트 홈 플랫폼인 아마존 에코 이상의 인기를 얻을 수 있을지 모른다. 어디까지나 가설이지만 아마존의 아성을 무너뜨리기 위한 가장 유력한 방법 중 하나라고 생각된다.

마케팅 4.0으로
아마존을 공략하다

아마존의 공략법을 기업 전략뿐만 아
니라 마케팅 전략에서도 생각해보자. 여기서는 현대 마케팅의 아버
지 혹은 마케팅의 신이라고도 불리는 노스웨스턴 대학의 필립 코틀러
Philip Kotler 교수가 쓴 《필립 코틀러의 마켓 4.0》의 내용에서 힌트를 찾
아보자.

코틀러 교수는 디지털 경제의 마케팅 4.0에서는 4P 판매에서 4C 상
품화로 전환할 필요가 있다고 설명한다. 기존 4P와 4C에 관해서는 아
마존을 예로 들면서 이미 제2장에서 분석했는데, 코틀러 교수가 책에
서 제창하는 4C란 공동 창조Co-creation, 통화Currency, 공동체 활성화
Communal Activation, 대화Conversation라는 완전히 새로운 마케팅 믹스다.
바로 여기에 경쟁 기업이 제왕인 아마존을 공략할 비결이 숨어 있다.

예를 들어 공동 창조란 고객과 수평적인 관계성 속에서 새로운 상품
과 서비스를 만들어내는 것이다. 대화란 커뮤니케이션보다 더 첨예화
한 개념으로 기업과 고객 사이, 고객과 고객사이, 나아가 개인으로서
의 고객 간 대등한 관계성 속에서 대화하는 것을 의미한다. 코틀러 교
수는 공유 경제의 가장 유력한 판매 콘셉트는 P2P, 즉 개인과 개인의
연결이라는 점을 지적한다.

아마존 소비자 중에서 아마존과 소비자 본인이 수평적인 관계성으
로 대화까지 이루어지고 있다고 생각할 만한 구석은 그리 많지 않다.

최소한 현 시점에서는 아마존 소비자 간에 직접 서로 연결되어 대화하는 장치는 마련되어 있지 않다. 수평적인 고객 관계를 맺고 고객과 대화하는 방식에 경쟁 기업의 승리 비결이 있다고 생각된다.

대화는 향후 AI 시대와 블록체인 시대에 중요성이 더욱 높아질 개념이다. 본래 사람 대 사람이 가장 중요하게 여겨야 할 것이며, 특히 세계가 집권형에서 분산형으로 변화해가는 중에는 더욱 중요하기 때문이다. 제5장에서 설명했듯이 구글에서는 OKR과 일대일 면담이라는 인사 시스템이 구축되어 있는데, 여기서도 본질은 대화에 있다. 대화는 새로운 네 가지 C에서 공동 창조와 공동체 활성화의 수단이기도 한, 특히 중요한 개념이다.

테크놀로지가 진화하고 SNS가 발달함에 따라 우리는 현실적인 연결, 접촉, 배려를 잃어버렸다. 더 이어지고 싶고, 더 친해지고 싶고, 서로 더 알고 싶고, 현실에서 나를 이해하는 사람을 원하고, 현실에서 누군가가 나를 필요로 했으면 하는 잠재의식에서 나오는 욕구에 응답하는 것이 바로 대화다.

코틀러 교수는 마케팅 4.0 시대에 청년, 여성, 네티즌의 세 층이 특히 중요하다고 지적한다. 이 층들이 P2P라는 관계성 속에서 더욱 커다란 영향력을 발휘하고 있기 때문이다. 네티즌이란 지리적 환경을 초월해 더욱 커다란 세계의 이익을 위해 인터넷 발전을 유념하며 이를 위해 적극적으로 활동하는 사람들이라고 정의된다.

세 가지 층 모두에 해당하는 여성 창업자 중 한 명으로 비즈니스 SNS 서비스 원티들리Wantedly의 경영자인 나카 아키코仲曉子가 있다. 나카

아키코는 자신의 저서인《밀레니얼 세대 창업자의 새로운 제품생산론 ミレニアル起業家の新モノづくり論》중에서, 일본의 밀레니얼 세대(1982년 이후 출생자들)의 특징으로 다음 여덟 가지 항목을 꼽는다.

소유보다 접속 중시 / 가성비 중시 / 건강 중시 / 저금 / 높은 성소수자 비율 / 차별적 언동 지양 / 명분 중시 / 2.5배 많은 얼리어댑터

나카 씨는 다음과 같이 지적한다.

"밀레니얼 세대는 사회적으로 안정되거나 급여가 높다는 단순한 이유만으로는 의욕에 스위치를 켜지 않는 경향이 강하다. 말하자면 '무엇 때문에'라는 명분을 중시한다."

밀레니얼 세대는 원래 '무엇 때문에'라는 목적의식이 강하다. 따라서 미션이 더욱 명확해지면 본인이 자율적으로 미션을 실현하기 위해 목표를 세우는 사례를 흔히 볼 수 있다.

원가 우위의 제왕이라는 이유로 전방위적인 전략을 취할 수밖에 없는 아마존을 공략하려면 청년, 여성, 네티즌 세 가지 층을 타깃으로 삼는 것이 유력한 선택지가 될 수 있다.

고객의 자기 성장과 자아실현에 이바지하는 서비스 제공은 확실히 (고객의 경험 가치 마케팅화를 가장 중요시하는) 아마존에 대한 공략법이 될 것이다. 코틀러 교수는《필립 코틀러의 마켓 4.0》에서 다음과 같이 설명한다.

"궁극적으로 최고 수준에서 활동하는 기업과 브랜드는 고객을 개인적으로 참여시킴으로써 자아실현을 할 수 있게 해준다. 그들은 개별 고객의 걱정과 바람을 해결해주는 고객 경험에 덧붙여 인생을 바꿔놓

을 개인화 서비스를 설계한다."

예를 들어 '결과를 약속한다'라는 광고 문구로 실적을 올린 일본의 고급 피트니스센터 체인 라이잡RIZAP은 고객의 자아실현 욕구를 이미 마케팅화해 몸만들기, 영어 회화, 골프 등으로 영역을 넓혀 인생을 바꿔놓을 개인화 서비스를 설계받고 싶은 사람들을 대상으로 사업을 전개하고 있다. 철저한 관리와 높은 목표 달성률이 고가 유지의 비결로 보이지만, 역시 고객의 자아실현 욕구에 대한 마케팅화가 가치 제안의 관건이 된 셈이다.

서장에서 그려본 가까운 미래, 제3의 공간으로서의 오프라인 점포 아마존365에서도 커다란 힌트를 얻을 수 있다. 나의 전문 영역 중 하나인 의료·간병 분야에서는 최근 노쇠 도미노 현상(고령자의 심신이 허약해지는 과정)이 주목받고 있다. 고령자가 간병인이 필요해지는 첫 번째 계기가 지역사회나 주위 사람들과의 연결이 상실되기 때문이라는 사실이 연구로 밝혀졌다. 모두 쉽게 모일 수 있으면서 친근하고 기분 좋게, 오랜 친구와 새 친구를 모두 만날 수 있는 새로운 공동체 생활의 터전으로 기능하는 오프라인 점포는 초고령화 사회를 맞이한 일본 사회에서 기업이 앞서 실현해나가야 한다. 제3의 공간 실현은 5요소 분석법에서 '지'와 '공간 가치'에 해당하는 중요한 대전략이다.

마지막으로 아마존의 독점에 관한 내용이다. 현재의 법 제도로는 아마존이 독점 금지법 위반으로 추궁당할 가능성은 희박하다. 반면에 아마존의 기세에 다양한 구실로 제재를 가하려는 각국은 움직임은 두드러지고 있다. 진정한 고객 중심주의를 관철하기 위해서라도, 본래 필요 이상으로 이루어져서는 안 될 정부 규제에 대처하기 위해서라도 향후 아마존에는 커다란 변혁이 요구된다. 미래의 비전만을 추구하는 비전 가형 리더십에서, 기업의 존재 의의를 스스로 되돌아보고 자신들의 사업으로 사회에 널리 이바지하겠다는 뜻을 더욱 분명히 밝히는 미션 리더십으로 베조스 리더십의 패러다임 전환이 이루어져야 할 것이다.

amazon

앞으로 세계에서 벌어질 일

아마존과 알리바바에 대적할 신경제권을 창조하는 기업

벤처 투자 업계에서는 창업 10년 이내에 시가 총액이 1,000억 엔 이상인 비상장 기업을 유니콘 기업이라고 부른다. 일본의 1위 유니콘 기업은 창업 4년 만에 시가 총액 1,000억 엔 이상으로 성장한 기업, 바로 벼룩시장 앱으로 유명한 메루카리メルカリ다.

아마존과 알리바바에 대적할 신경제권을 창조할 기업이 향후 10년 안에 일본에서 등장한다면 주인공은 메루카리가 될 가능성이 높다. 메루카리는 벼룩시장 앱과 C2C 기업으로 유명한데, 본질은 P2P 플랫폼 기업이라고 파악할 수 있다.

C2C란 소비자 대 소비자 거래의 약자로 개인을 소비자로서 파악하는 개념이다. C2C에 각 개인의 개성은 없다. 반면에 P2P란 피어 투 피어 Peer to Peer의 약자로 대등한 개인 간의 연결이라는 뜻을 지닌, 공동 창조에 따른 확산과 커다란 가능성이 담긴 개념이다. 피어라는 개념은

최근 다양한 분야에서 주목받고 있는데, 예를 들면 개인 간에 서로 공부를 돕는 창조적 학습 방법인 피어 러닝Peer Learning이 유명하다.

메루카리의 야마다 신타로山田進太朗 회장 겸 CEO는 2013년 창업 직후부터 미국 진출을 시작했다. 설립 당초부터 메가 벤처라는 목표를 향해 일찍부터 상장 기업을 능가하는 강고한 조직 조성에 힘썼다. 또 상당히 이른 단계부터 '메루카리 경제권'이라는 표현을 사용하면서 미국, 유럽, 일본에서 C2C 시장을 구축하겠다는 구상을 밝혔다.

P2P의 가능성이 큰 이유는 차세대 비즈니스의 핵심으로 지목되는 블록체인, 크라우드 소싱, 셰어링과의 높은 융합성 때문이다. 〈와이어드〉 창간 편집장이자 미국 테크놀로지 업계에 지대한 영향력을 행사하는 케빈 켈리는 저서에서 다음과 같이 설명한다.

"향후 30년을 생각한다면 최대의 부의 원천, 그리고 가장 흥미로운 문화적 혁신은 이 방향의 연장선상에 있다. 2050년에 가장 거대하고, 초고속으로 성장하며, 가장 돈을 잘 버는 회사는 현재 아직 눈에 보이지 않고 높이 평가되어 있지 않은 새로운 셰어링 형태를 찾아낸 회사가 될 것이다. 사상, 감정, 금전, 건강, 시간은 모두 올바른 조건이 갖춰지고 제대로 된 혜택만 있다면 공유가 얼마든지 가능하다."《향후 인터넷에서 벌어질 피할 수 없는 12가지 일들》

메루카리는 이미 사물 영역의 벼룩시장뿐만 아니라 비사물 영역의 사업(영어 레슨 등)도 전개하고 있다. C2C에 특화된 투자 펀드 사업도 이루어지고 있는데, 메루카리가 P2P 플랫폼 기업이 됨으로써 메루카리 경제권을 창조해가려는 움직임이 보인다. 메루카리가 일으키고 육성하는 분야는 강대한 2차 유통 시장이라 할 수 있다. 필요 없어진 물건을 공유하는 개념은 광의의 공유 경제다. 금융이라는 관점에서 본다면 고객의 벽장 안에 잠들어 있는 재고의 유동화, 동산·재고·광의의 유가 증권(콘서트 티켓 등 포함) 자산 유동화이기도 하다.

메루카리가 P2P 플랫폼 기업으로서의 가능성이 큰 이유는 야마다 신타로가 인터넷은 본래 각 개인에게 권한을 위임하는 것임을 재차 강조하면서 개인과 팀의 능력을 중시한 사업 전개에 강하게 집착하고 있기 때문이다. 창업 4년 만에 시가 총액 1,000억 엔 이상이 넘는 경이로운 사업 속도 또한, 개인과 팀의 강점을 이끌어내어 피어 투 피어라는 수평적이고 새로운 관계성을 벼룩시장 앱이라는 형태로 사업화했기 때문이라고 봐야 한다.

메루카리에는 야마다 CEO의 뛰어난 하향식 리더십도 있지만 상향식 리더십도 존재한다. 문화적 혁신을 만들어내고 새로운 시대의 문화 브랜드로 성장할 가능성이 내재되어 있다. 거기에 아마존이나 알리바바에 대적할 신경제권을 창조하는 일본 기업으로서의 장래성이 만들어지고 있다. 여기서 설명한 아마존과 알리바바에 대한 메루카리의 경쟁 우위가 향후 이들 기업과 경쟁하게 될 기업의 커다란 관건이 될 것이다.

앞에서 제시한 케빈 켈리의 예측과 야마다 신타로의 권한 위임에 대한 집착을 되돌아보면 다음과 같은 사항이 떠오른다. 소비자보다 개인, 몰개성적인 사물보다 개성적인 비사물, 미국적인 것보다 일본 고유의 것, 합리적인 것보다 문화적인 것. 메루카리 경제권 혹은 향후 일본 기업이 더욱 발전할 가능성은 여기에 있다.

차세대 비즈니스의 핵심은 비중앙집권형이자 분산자율형이 특징인 블록체인이라는 견해가 강해지고 있는 가운데, 블록체인과 융합성이 높은 C2C 기업 메루카리가 P2P 플랫폼까지 구축해갈 가능성이 높다. 소비자를 C(소비자)보다는 P(개인), 고객을 개인으로 파악함으로써 단순한 기능적 가치뿐만 아니라 정서적 가치, 나아가 정신적 가치까지 (소비자가 아닌) 고객에게 제공할 수 있을 것으로 예상된다.

현대 마케팅에서 가장 중요한 개념 중 하나로 고무Inspire가 있다. 오늘날 고객은 기존에 존재했던 소비 활동의 기능적 가치나 정서적 가치와 더불어 정신적 가치를 추구하고 있는데, 정신적 가치를 마케팅화한 것이 바로 '고무하는 것'이다.

한자로 고무鼓舞란 북鼓을 치고 춤舞을 춘다는 뜻으로 전통 행사에서의 문화 활동과 같은 것을 가리킨다. 사람들 사이에 열전도를 일으킨다는 뜻도 있다. '고무하다'는 영어로 Inspire이며, 명사형은 Inspiration이다. 영어 단어에도 Sprit(정신)이 녹아들어 있다. 고무는 창조력의 원천이다. 창조와 혁신에도 연결되는 것이 바로 고무다.

문화적 혁신, 문화 브랜드, 정신적 가치, P2P에서의 사업 구축, P2P 상호 간의 새로운 소통이야말로 일본 기업이 규모의 경제를 확립해 전방위 전략으로 싸울 수밖에 없는 제왕 아마존을 공략하고 극복하기 위한 관건이 된다는 점을 마지막으로 강조하고 싶다.

일본은 아마존, 애플, 구글 등 미국 메가테크 기업과 알리바바 등 중국 기업들의 높아진 존재감에 압도당해왔다.

앞으로 일본에서 벌어질 일, 앞으로 미국에서 벌어질 일, 앞으로 세계에서 벌어질 일은 세상이 더 좋아져야 하는 일이어야 한다는 명확한 방향성이 있다. 이러한 방향성을 염두에 두고, 사회적·문화적 문제에 적극적으로 대처해 나가겠다는 태도를 지닌 기업이 향후 아마존을 상대하며 사업을 추진하는 데 이 책이 조금이라도 도움이 된다면 바랄 나위 없겠다.

아마존 미래전략 2022

—

1판 1쇄 발행 2018년 6월 5일
1판 13쇄 발행 2019년 11월 20일

—

지은이 다나카 미치아키
옮긴이 류두진

—

펴낸이 강동화, 김양선
펴낸곳 반니
주소 서울시 서초구 서초대로 77길 54
전화 02-6004-6881 팩스 02-6004-6951
전자우편 book@banni.kr
출판등록 2006년 12월 18일(제2006-000186호)

—

ISBN 979-11-87980-62-9 03320

—

—

이 도서의 국립중앙도서관 출판예정도서목록(CIP)은 서지정보유통지원시스템 홈페이지
(http://seoji.nl.go.kr)와 국가자료공동목록시스템(http://www.nl.go.kr/kolisnet)에서 이용하
실 수 있습니다.(CIP제어번호: CIP2018013900)